班组
精细化安全管理

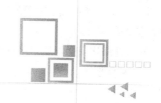

崔政斌　杜冬梅 ◎编著

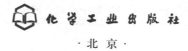

·北京·

班组精细化安全管理，就是要把班组的安全管理做到精确、细致、经常化，就是要把班组的安全管理做深、做透、做彻底。如何做到这一点，其实是十分困难的。本书作者在企业班组工作了相当长的时间，并且当班组长多年，深切体会到班组精细化安全管理的重要性和迫切性。

《班组精细化安全管理》站在班组的角度，将班组在安全管理中要进行的精细化工作做了梳理，对班组精细化安全培训与教育，班组精细化安全检查，班组安全精细化作业，班组现场精细化安全管理，班组安全精细化管理要求与方法，班组安全文化建设等方面进行了理论和实践层面的阐述。

《班组精细化安全管理》可供企业班组长和班组员工在工作中参考，也可供企业各级管理者在工作中参考。

图书在版编目（CIP）数据

班组精细化安全管理/崔政斌，杜冬梅编著. —北京：化学工业出版社，2019.2（2025.5重印）
ISBN 978-7-122-33556-2

Ⅰ.①班… Ⅱ.①崔… ②杜… Ⅲ.①班组管理-安全管理 Ⅳ.①F406.6

中国版本图书馆CIP数据核字（2019）第000988号

责任编辑：杜进祥　　　　　　　　　　文字编辑：孙凤英
责任校对：边　涛　　　　　　　　　　装帧设计：韩　飞

出版发行：化学工业出版社（北京市东城区青年湖南街13号　邮政编码100011）
印　　装：河北延风印务有限公司
710mm×1000mm　1/16　印张9　字数152千字　2025年5月北京第1版第7次印刷

购书咨询：010-64518888　　　售后服务：010-64518899
网　　址：http://www.cip.com.cn
凡购买本书，如有缺损质量问题，本社销售中心负责调换。

定　　价：35.00元　　　　　　　　　　　　　　　　版权所有　违者必究

前言

班组是企业的细胞，而班组管理是企业的灵魂。做好班组管理工作，如何在管理中不断提高工作效率和水平，是首先应该思考的问题。因此，班组如何实施精细化安全管理，提升生产班组安全管理水平；如何发挥班组员工的聪明才智，积极开展好班组安全建设；如何广开言路，开展好合理化建议活动，发挥小改、小革的效能作用，把班组各项工作做细做实，这才是班组安全管理的关键。

笔者认为：第一，对"精细化管理"要从思想上重视它，积极接受它。对自身来说，精细能体现出个人的精明、细心的工作作风，能培养个人严谨扎实的工作风格，对待工作高标准、严要求，努力做到尽善尽美、精益求精。精细不是小气，是一种深度、一种拓展。它能培养人的一种深层次的文化，延伸成为个人的内在气质、工作习惯和素养，为以后工作、生活铺就平坦的路。对于企业来说，精细化管理是企业为适应集约化和规模化生产方式，建立目标细分、标准细分、任务细分、流程细分，实施精确计划、精确决策、精确控制、精确考核的一种科学管理模式。在管理上"精雕细琢"，充分调动员工的积极性，运用现代管理手段和方法，把技术管理、设备管理、安全管理、劳动管理、经济分析等抓细抓实，都做到"细"。对工作过程，做到严谨、周密和细微，如工作的规范流程、计划方案、技术标准等；对工作结果，做到完美、有效和最佳，如规范流程的高效性、方案的效益性、技术指标的准确性等都做到"精"。

第二，应当正面认识"精细化管理"的内涵。①加强精细化管理，是要以贯彻落实科学发展观，在保证安全生产的前提下，有效扩大生产，保持可持续发展。②加强精细化管理，是要通过必要、合理和有效的控制，保证良好的质量和到位的服务，提高管理效率，降低管理相对成本，创出效益。管理的成本在所有工作中都存在，但是并不被人们所清晰认识。同样的工作，没有效率和效益，实际上是在浪费管理成本，而且是持续的浪费。但如果我们能认识和了解低效率和低效益的关键所在，关注重点和细微之处，完善流程并予以控制，责任到位，这样，看似在增加工作量、增加投入、增加成本，但只要产生质变的结果，产出有价值的效益，实际上是降低了相对管理成本。③加强精细化管理，强调和提升价值的创造能力。我们通过实施6S管理活动这一举措，使设备管理、安全管理、基础管理、质量管理等都得以提升，充分说明推动精细化管理和实施精细化的创造性和效益。

第三，有序管理，健全制度，逐步推行班组安全管理精细化。有序管理的重点是先"理"后"管"。管理工作先淡化"管"的意识，包括权利和约束，通过梳理自己负责的工作内容，明确职责，掌握正确的工作方法，建立规范的工作流程，寻找工作和服务上的差距，并采用循序渐进的方式做细、求精。用精细化管理审视低效率、低效益的日常工作，并根据重要性和影响面确定改善的内容和目标，寻求突破点。因为任何一项新工作、新任务、新项目、新技术、新工艺，都应当全新地将精细化管理灌入其中，确立新方法，建立新标准。方法和标准，就要依靠健全的制度，规范的标准制度，这不仅是指导，而且更重要的是约束和规范人的行为，并提升成为精细化管理工作的基础保障。从健全制度、夯实基础管理、统一标准着手，不断提高管理者的预测和控制能力，不断向精确的目标靠近。

第四，班组"精细化管理"要有长久性。在企业中长久而坚定地实施班组精细化管理，应当有严格、可操作、有效的监督手段，否则会影响执行效果的评判。在"精细化管理"整个系统过程中，我们还应当及时地挖掘和发现执行中存在的问题，探索好的解决方法，科学持久地改进，将决定的事做正确。推进精细化管理，既是对传统粗放管理工作的警示，也是对发展新阶段管理工作提出的更高要求和标准。搞精细化不是形式，而应当付诸行动中，不断学习，不断提高，使"精细化管理"成为我们共同的自觉思维和行为，并不断完善和发展精细化管理的内涵，使之持久化，真正改善管理工作、改善工作方法，适应竞争和发展环境的变化。

要生存和发展，就要不断地创新，但唯一不变的唯有精细化的管理。在班组实际生产管理中，把精细化管理的侧重点放在安全生产、质量管理、技术管理、基础管理等几个方面，切实加强精细化管理，使各项工作真正步入正规化、规范化和科学化管理的轨道。

第五，运用"精细化管理"提升班组具体工作质量。安全管理实施精细化要做到：其一，要加大安全监督、检查的力度，及时排查和消除事故隐患，认真分析各种生产事故，吸取教训，举一反三，全面检查安全责任是否落实到位、安全措施是否得力、事故隐患是否存在、"四不放过"是否真正做到位等。扎扎实实地抓好安全工作，长期坚持查"六源"活动，并形成PDCA的闭环控制，确保安全生产过程的"细"与"实"。其二，要开展班组安全管理的精细化，重点内容在现场管理。①配备完善的安全设施，消除装置性违章，保障作业过程的安全。②设备管理整洁，安全附件齐全，严格执行设备巡视、点检制度，及时消除事故隐患。③抓好安全培训，开展危险点分析与预控，消除人的不安全行为，杜绝物的不安全状况，严格执行安全纪律、工艺纪律、劳动纪律。④材料、备件摆放整齐，各种工具、器材实行定置管理，物放有序，安全标志齐全，色标醒目。⑤严格执行技术规程及班组安全制度。⑥班组员工要在生产现场做好各种信息的收集、传递、分析、处理工作，及时了解安全生产情况，及时处理生产中反映出的问题。各种原始记录必须做到准确、标准、规范。其三，要开展技术管理实施精细化。在设备改造方面，坚持科技创新、挖潜改造，进行小改小革。以"小、实、活、新"为原则，开展"QC"现场攻关活动，解决设备中存在的先天不足和薄弱环节，提高设备的安全可靠性。积极推广和应用新技术、新工艺、新设备，实现增产节资，控制费用，降低成本，促进技术进步。在对外委托的设备改造施工中，要针对工程特点，组建项目团队，应用项目管理的四步法（启动、计划、实施跟踪与控制、收尾）进行项目管理，通过建立完整的组织措施，保证施工改造的有序进行，同时形成系统化的项目管理方法，才能提升技术管理水平。

基于以上认识，我们着手编写了这本《班组精细化安全管理》，旨在通过对班组精细化安全培训与教育、班组精细化安全检查、班组安全精细化作业、班组现场精细化安全管理、班组安全精细化管理要求与方法、班组安全文化建设等理论和方法等内容来阐述班组精细化安全管理的真谛，为企业班组在精细化安全管理中提供一本适用的参考书。

本书语言流畅，图文并茂，深入班组，紧接地气，相信在出版后会是一本深受企业班组员工喜爱的安全读物。本书在写作过程中得到了范拴红、崔敏、戴国冕、陈鹏、周礼庆、张美元、赵海波等领导和同志的大力帮助，在此表示衷心的感谢。

本书也得到了化学工业出版社有关领导和编辑的悉心指导和帮助，在此也深表谢意。

崔政斌　杜冬梅
2018年8月于山西朔州市

目录

第一章 绪论 ··· 1

第一节 班组安全建设政策法规 ································ 2
一、概述 ·· 2
二、班组安全建设政策法规 ······································ 3

第二节 班组精细化管理的相关内容 ··························· 6
一、班组精细化管理的内涵 ····································· 6
二、班组建章立制的精细化 ····································· 8
三、班组安全风险控制精细化 ·································· 9

第三节 班组精细化安全管理步骤、误区及落脚点 ········ 11
一、班组精细化安全管理的实施步骤 ························· 11
二、班组精细化管理中的误区 ·································· 12
三、班组是企业实施精细化管理的落脚点 ··················· 12

第二章 班组精细化安全培训与教育 ······················· 15

第一节 三级安全教育 ··· 16
一、三级安全教育要求 ·· 16
二、三级安全教育内容 ·· 17

第二节 新员工安全教育培训 ·································· 18
一、新员工的权利和义务及安全常识 ························· 18
二、新员工事故应对常识 ······································· 20

第三节 特种作业人员的安全教育 ···························· 22
一、特种作业人员安全教育的重要性 ························· 22
二、特种作业人员安全教育的内容 ···························· 22
三、特种作业办证程序 ·· 24

第四节　班组安全教育培训 ··· 24
　　一、班组安全教育培训实施目标化 ······················· 24
　　二、班组安全教育培训要做到危险预知 ··················· 25
　　三、班组安全教育的内容 ······························· 25
　　四、作业标准化是班组安全培训的保障 ··················· 27
　　五、经常性的安全活动是教育培训的有效途径 ············· 28

第三章　班组精细化安全检查 ··· 29

第一节　安全检查的内容 ··· 30
　　一、常规安全检查 ····································· 30
　　二、现场安全检查 ····································· 30
　　三、设备安全检查 ····································· 31
　　四、节前安全检查 ····································· 31
　　五、季度安全检查 ····································· 31
　　六、年度安全检查 ····································· 31

第二节　事故预防精细化 ··· 32
　　一、树立事故可防可控观念 ····························· 32
　　二、事故风险分析 ····································· 32
　　三、精细化（风险）事故预防 ··························· 34

第三节　班组安全检查中的合理问责 ··································· 35
　　一、严格监督确保操作精、细、准 ······················· 35
　　二、让责任心为安全护航 ······························· 35
　　三、让班组日常安全检查成为常态 ······················· 36

第四章　班组安全精细化作业 ··· 39

第一节　危险作业精细化管理 ··· 40
　　一、班组作业安全要求 ································· 40

二、八大危险作业精细化管理 …………………………………… 42

　第二节　规范现场安全管理精细化 ………………………… 63
　　一、班组现场管理的含义及要素 ………………………………… 63
　　二、积极推行5S现场管理 ………………………………………… 65
　　三、进行目视管理 ………………………………………………… 67
　　四、生产现场的质量控制 ………………………………………… 68
　　五、生产现场组织结构的设计原则及职能 ……………………… 69
　　六、生产现场员工的管理 ………………………………………… 71

第五章　班组现场精细化安全管理 ……………………… 73

第一节　走动式管理 ………………………………… 74
　　一、走动式管理的概念 …………………………………………… 74
　　二、走动式管理的特点 …………………………………………… 75
　　三、走动式管理的艺术特点 ……………………………………… 76

第二节　现场定置管理 ……………………………… 76
　　一、定置管理理论 ………………………………………………… 76
　　二、现场区域定置 ………………………………………………… 77
　　三、定置管理的实施 ……………………………………………… 78

第三节　看板管理 …………………………………… 78
　　一、看板管理系统 ………………………………………………… 79
　　二、实施现场看板管理的目的和意义 …………………………… 80
　　三、看板类型 ……………………………………………………… 81
　　四、看板管理的工作指令 ………………………………………… 82
　　五、看板管理的使用实务 ………………………………………… 83

第六章　班组安全精细化管理要求与方法 ……………… 85

第一节　了解你的员工 ……………………………… 86

一、用安全责任激励员工 …………………………………………… 86
　　二、如何有效激励员工 ……………………………………………… 89
　　三、信任是最大的安全良药 ………………………………………… 95
　　四、让班组的"闲人""动"起来 ………………………………… 96
　　五、增强班组内聚力 ………………………………………………… 97
　第二节　班组长的安全素质 …………………………………………… 98
　　一、超前的安全意识 ………………………………………………… 98
　　二、认真负责的工作态度 …………………………………………… 100
　　三、丰富的生产实践经验 …………………………………………… 101
　　四、一定的科学文化知识 …………………………………………… 102
　　五、做到"五个善于" ……………………………………………… 104
　　六、团结协作是班组精细化安全管理的利器 ……………………… 104
　第三节　班组安全精细化管理方法 …………………………………… 105
　　一、"抽屉式"管理 ………………………………………………… 106
　　二、"危机式"管理 ………………………………………………… 106
　　三、"一分钟"管理 ………………………………………………… 107
　　四、"破格式"管理 ………………………………………………… 108
　　五、"和拢式"管理 ………………………………………………… 108
　　六、问题管理 ………………………………………………………… 110
　　七、安全重在抓落实 ………………………………………………… 110

第七章　班组安全文化建设 …………………………………… 113

　第一节　班组安全文化建设的主要内容 ……………………………… 114
　　一、班组安全文化建设应制定的规章制度 ………………………… 114
　　二、班组创新安全文化建设 ………………………………………… 116
　　三、班组安全文化的核心和要素 …………………………………… 118
　　四、班组文化化育系统建设 ………………………………………… 119
　第二节　班组长在安全文化建设中的作用 …………………………… 121
　　一、提高班组长的素质是当务之急 ………………………………… 122

二、班组长安全工作职责 …………………………………………… 122
　　三、班组长让下属感到自己重要 …………………………………… 123
　第三节　班组安全文化建设的途径与方法 ………………………… 127
　　一、班组安全文化建设的途径 ……………………………………… 127
　　二、班组安全文化建设的方法 ……………………………………… 129

参考文献 ……………………………………………………………… 132

第一章 绪论

班组是企业的细胞，是企业最基层、最活跃的组织，是企业生产经营活动的基础环节。科学的安全管理方法，合理的劳动组织，完善的安全设施，都要靠班组去贯彻、落实。班组也是企业各项工作的落脚点和具体实施者。加强班组精细化安全管理，是实现企业生产经营目标的基础。

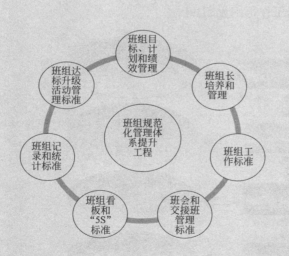

第一节 班组安全建设政策法规

一、概述

1. 班组

班组是企业中的基本作业单位，是企业内部最基层的劳动和管理组织。班组在现代企业中也多按照"最小行政单元"来进行划分。在一般企业里，班组长不算"干部"，但实际上，班组长基本具备了"干部"的管理职能。因此，班组长也被称为"兵头将尾"。现代企业的管理结构一般都是三角形样式，基本上可以分为三层，即决策层（高层）、执行层（中层）、操作层（基层）。高层"动脑"，中层"动口"，基层"动手"，也正是如此，基层因管理需要，而形成的班组最为普遍。班组的主要工作范围见图1-1。

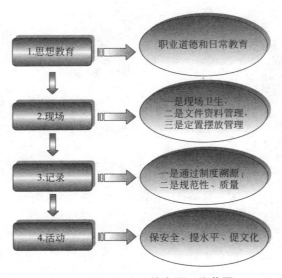

图1-1 班组的主要工作范围

2. 班组活动的基本内容

每个企业不尽相同，因此，企业班组也是五花八门，各有千秋。一般来说，班组活动的基本内容见图1-2。

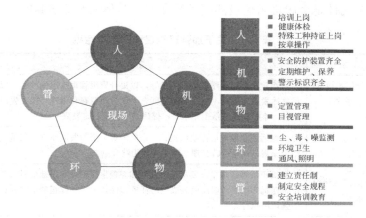

图1-2　班组活动的基本内容

3. 班组安全管理模式

班组是企业的细胞，班组管理是企业管理的基础，而班组安全工作是企业一切工作的落脚点。班组是加强企业管理、搞好安全生产、减少伤亡和各类灾害事故的基础和关键。企业对安全生产抓而不紧等于不抓，抓而不实等于白抓。企业安全工作的重点在班组、在现场，要从组织与技术两方面着手，从防止未遂、异常做起，一点一滴抓好班组的安全管理工作。班组安全管理模式见图1-3。

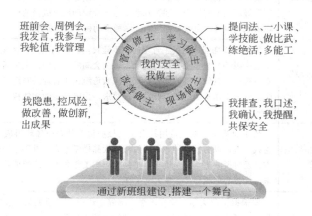

图1-3　班组安全管理模式

二、班组安全建设政策法规

1. 全国总工会等四部委对加强班组建设的要求

中华全国总工会、工业和信息化部、国务院国资委、中华全国工商联合会，早在2010年就联合印发了《关于加强班组建设的指导意见》(见总工发〔2010〕56号)。这个文件是全国班组建设的纲领性文件。具体内容见表1-1。

表1-1 关于加强班组建设的指导意见

序号	要求	主要内容
1	班组建设的总体要求和目标任务	班组建设要以科学发展观为指导,以提升班组管理水平为核心,以提高班组成员整体素质为重点,以开展班组创先争优劳动竞赛和创建"工人先锋号"活动为载体,不断提高班组工作水平,促进企业健康稳定发展
2	班组建设应遵循的原则	一是适应企业发展需要原则。二是促进员工全面发展原则。三是继承与创新相结合原则。四是行政管理与民主管理相结合原则
3	全面提升班组管理水平	提高班组管理水平,要从建章立制和完善生产记录等基础资料入手,以落实岗位责任制为重点,以出色完成生产任务和保证班组工作正常运转为目标,进一步增强班组执行力
4	注重提高班组成员素质	要从班组工作实际出发,采取灵活多样的方法和班组成员易于接受的形式,坚持不懈地开展学习实践活动,不断提高班组成员思想道德、科学文化和专业技能水平。深入开展创建学习型、创新型班组活动,积极引导班组成员学习新知识、钻研新技术,不断提高学习能力、实践能力和创新能力
5	切实抓好班组安全生产	认真落实安全生产责任制,加强生产现场管理,坚决杜绝违章指挥、违章作业。重视安全教育培训,提高班组成员的安全意识和事故防范、应急处置能力。积极开展"安康杯"竞赛活动,充分发挥劳动保护监督检查员的作用,切实把好安全生产的第一道防线,确保员工在生产过程中的安全与健康
6	广泛开展班组竞赛	班组竞赛要以创建"工人先锋号"等活动为载体,以安全生产、提高效率、提升质量、创新技术和节能减排为重点,与创建劳动关系和谐企业和建设"员工小家"等活动紧密结合。通过竞赛,进一步调动班组成员的积极性和创造性,引导班组成员争当锐意改革创新的先锋和推动科学发展的楷模
7	不断完善班组民主管理	要进一步加强班组民主管理的制度建设,在继续坚持和完善"两长"(班组长、工会小组长)和"工管员"制度、班委会制度、班组民主生活会制度、班务公开制度等行之有效制度的同时,积极探索班组民主管理的新途径和新形式,使班组民主管理工作不断适应企业发展的要求,保障员工的知情权、参与权、监督权和决定权
8	进一步加强班组思想工作	班组思想工作要坚持用社会主义核心价值体系引领班组成员,坚持以科学理论武装人,以劳模精神和工人阶级伟大品格激励人。准确掌握班组成员的思想动态,及时反映班组成员诉求,把做好思想工作与关心班组成员的工作生活结合起来,加强心理疏导,注重人文关怀
9	选拔、培养好班组长	要根据企业实际,建立班组长培养、选拔、任用机制,选配具有一定文化程度、责任心强、作风正派、技术熟练、敢于管理、善于团结人的优秀员工担任班组长。注重班组长岗前培训和在职培训,加强班组长之间的学习和交流,不断提高班组长的工作能力和综合素质。既要支持班组长履行职责、行使职权,又要加强对班组长的管理教育和监督
10	加强对班组建设工作的指导	认真总结不同类型企业加强班组建设工作的经验,大力培养、选树和宣传先进典型,充分发挥模范班组的示范引导作用。要找准位置,发挥优势,密切配合,努力形成合力推进班组建设的工作格局

2. 国家安全监管总局等三部门对企业安全生产标准化岗位达标的工作指导意见

国家安全监管总局、中华全国总工会、共青团中央早在2011年就对企业安全生产标准化岗位达标工作提出了《关于深入开展企业安全生产标准化岗位达标工作的指导意见》(安监总管四[2011]82号)。企业安全生产标准化岗位达标工作的指导意见的主要内容见表1-2。岗位均在班组,也就是说班组安全工作要达标,其岗位安全工作必然达标。

表1-2 企业安全生产标准化岗位达标工作的指导意见

序号	岗位达标要求	主要内容
1	岗位达标的重要性	①岗位达标是企业安全生产标准化的基本条件。 ②岗位达标是企业开展安全生产标准化建设工作的重要基础。 ③岗位达标是企业防范事故的有效途径
2	岗位达标的目标	企业开展岗位达标工作,以基层操作岗位达标为核心,不断提高员工安全意识和操作技能,使员工做到"四不伤害"(不伤害自己、不伤害别人、不被别人伤害、保障别人不被伤害);规范现场安全管理,实现岗位操作标准化,保障企业达标
3	实现岗位达标的途径	①制定岗位标准,明确岗位达标要求。 a. 岗位知识和技能要求:熟悉或掌握本岗位的危险有害因素(危险源)及其预防控制措施、安全操作规程、岗位关键点和主要工艺参数的控制、自救互救及应急处置措施等; b. 行为安全要求:严格按操作规程进行作业,执行作业审批、交接班等规章制度,禁止各种不安全行为及与作业无关行为,对关键操作进行安全确认,不具备安全作业条件时拒绝作业等; c. 装备护品要求:生产设备及其安全设施、工具的配置、使用、检查和维护,个体防护用品的配备和使用,应急设备器材的配备、使用和维护等; d. 作业现场安全要求:作业现场清洁有序,作业环境中粉尘、有毒物质、噪声等浓度(强度)符合国家或行业标准要求,工具物品定置摆放,安全通道畅通,各类标识和安全标志醒目等; e. 岗位管理要求:明确工作任务,强化岗位培训,开展隐患排查,加强安全检查,分析事故风险,铭记防范措施并严格落实到位; f. 其他要求:结合本企业、专业及岗位的特点,提出的其他岗位安全生产要求。 ②建立评定制度,确定达标评定程序。 ③切实加强班组建设。 ④丰富达标形式,推动岗位达标创新
4	岗位达标的保障措施	①落实企业责任,规范岗位达标。 ②加大宣教力度,提升岗位技能。 ③制定奖罚措施,促进岗位达标。 ④加大安全投入,创造达标条件。 ⑤树立典型示范,引领岗位达标。 ⑥加强工作指导,推动岗位达标

第二节 班组精细化管理的相关内容

一、班组精细化管理的内涵

精细化是我国企业必须迈过的一道坎,也是持续改进生产班组管理水平的必由之路。精者,去粗也,不断提炼,精心筛选,从而找到解决问题的最佳方案;细者,入微也,究其根由,由粗及细,从而找到事物内在的联系和规律性。"细"是精细化的必然途径,"精"是精细化的自然结果。单纯看管理"精细"似乎是一个非常笼统的概念,怎么提升管理精细化,如何提升,提升什么,没有具体、明确的内容,但是把它放到具体的业务管理中,就涉及工作中的诸多方面,要具体问题具体分析,不能孤立地看问题,单一地去思维。

1. 班组精细化管理的内涵

班组精细化管理的内涵见表1-3。

表1-3 班组精细化管理的内涵

序号	理解的要点	主要内容的说明
1	一种科学的管理方法	它是将有限的资源发挥最大效能的过程,必须建立科学化的标准和可操作、易执行的作业程序,以及基于作业程序的管理工具
2	一种管理理念	它体现了组织对管理的完美追求,是组织严谨、认真、精益求精思想的贯彻
3	排斥人治,崇尚规则意识	包括程序和制度,要求管理者实现从监督、控制为主的角色向服务、指导为主的角色转变,更多关注满足被服务者的需求
4	研究的范围	是组织管理的各单元和各运行环节,更多的是基于原有管理基础之上的改进、提升和优化
5	研究的对象	是各类社会组织,但更多关注的是企业,特别是面临转型期、管理提升期的企业,当然包括企业班组的管理
6	实施的目的	是基于组织战略清晰化、内部管理规范化、资源效益最大化基础上提出的,它是组织中个体利益和整体利益,长远利益和短期利益的综合需要
7	最终的解决方案	只能是通过训练达到组织成员素质提升的方式来实现
8	常态式的管理模式	精细化管理不是一场运动,是永续精进的过程,是自上而下的积极引导和自下而上的自觉相应的常态式的管理模式

安全是企业的生命线,是企业发展永恒的主题。班组安全是企业安全的前沿阵地,安全工作的每一项措施、每一个要求、每一项任务只有百分之百地落实到班组,企业安全才有保障。班组是全员、全方位、全过程的安全管理模式。班组安全是指不受威胁,没有危险、危害、损失,班组人员的整体与生存环境资源的和谐相处,互相不伤害,不存在危险的隐患。班组精细化安全管理内容见图1-4。

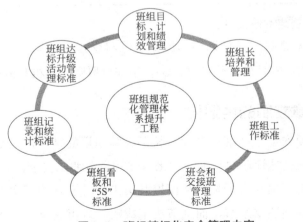

图1-4 班组精细化安全管理内容

2. 班组精细化管理内涵的主要体现

班组精细化管理内涵主要体现为五个"化",见表1-4。

表1-4 班组精细化管理内涵体现的五个"化"

序号	构成要素	要素的主要内容
1	规范化是精细化管理的必要条件	所谓规范化,是指根据战略发展需要,合理地制定工作规程、基本制度以及各类管理的作业流程,以形成统一、规范和相对稳定的管理体系,并在管理工作中严格按照这些工作规程、制度和流程实施,达到管理工作的井然有序和协调高效。规范化是精细化管理的最基本要求和必要前提
2	系统化是精细化管理的充分条件	所谓系统化,是指为达到一定的目的,对构成系统的各种要素进行最佳的链接,以求效益最大化。一方面,要通过细分,把工作流程、工作岗位细分成一个不可再分的"单元",根据每一个"元素"的作用,合理地建立"元素"与"单元"间的对应关系,在做好每一个"单元"上下功夫。另一方面,要摒弃"本位主义""个人主义",从系统的整个区域发展的方向,按照系统思维的方法观察问题、思考问题、解决问题,既重视精细化管理带来的当前效益,又重视精细化管理潜在的、可持续的效益
3	流程化是精细化管理的基本方式	流程化管理,是将管理过程细分为工序流程,然后进行分析、简化、改进、整合、优化。精细化管理,必须贯彻流程化管理的思想,借助于各职能部门建立的立体交叉管理系统,以流程化为基本方式,以"工作流"为载体,从管理流程的启动、分配、监控、评价等细节工作形成连续的"流水线",把各岗位紧密衔接起来,实现无缝管理
4	数据化是精细化管理的显性标志	量化是实行科学管理的重要标志,衡量管理工作是否精细化的最好标准是让数字说话。数据化是精细化管理的基本要求,它能一目了然地掌握精细化管理的达成度
5	信息化是精细化管理的重要手段	领先一步,往往领先一个时代。实施精细化管理就必须有效地利用现代高科技手段,集先进管理理念与现代网络技术为一体,利用信息技术改造管理工作,从而实现管理的高效化,这是管理精细化在未来发展中最为本质的要求

3. 把握精细化管理相关原则

①思想领先原则;②目标导向原则;③科学规范原则;④层层负责原则;⑤民主参与原则;⑥情感催化原则;⑦科学评价原则;⑧机制激励原则。

二、班组建章立制的精细化

班组的各项安全生产规章制度是长期经验积累的精华,也是行之有效的安全管理方法。制度是管理的基础,细化基础就是在细化安全、健全的管理制度,就是以"小规矩"填充大框架,从而提升员工自身安全的硬实力。完美的班组安全管理制度需要注重细节,而细节决定成败。班组安全工作更要注重突出细节,细节首先突出在制度上,必须让班组成员生产的每一步都有制度约束,每一行都有制度护航。这样,制度的精细化才能体现出来。一般来说班组建立的安全管理制度见表1-5。

表1-5 班组安全管理制度一览

序号	班组安全管理制度名称	班组安全管理制度的主要内容
1	班组岗位安全责任制	就是对班组每个人都明确规定在安全工作中的具体任务、责任和权利,以便使安全工作事事有人管、人人有责任
2	安全生产检查制度	安全生产检查制度有利于班组开展安全检查工作,并对检查情况进行认真处理,班组成员按照制度要求做好安全检查,就能减少事故发生率
3	班前会、班后会制度	班前会是工作开始前由班组长组织召开、班组员工参加的工作安排会,会上要将安全预防措施和注意事项一并交代。班后会是对全天工作进行总结,对出现的问题总结教训,并做好记录,为以后改进工作提供依据
4	安全交接班制度	安全交接班制度要求明确交接班的时间、内容、要求等。交接班必须实行对口交接、上不清、下不接
5	事故管理制度	包括事故的分类、事故报告程序、事故调查组织及职责、调查程序、事故分析和统计、事故处理、事故结案和事故档案管理等
6	危险源和事故隐患管理制度	危险源和事故隐患具有较大危险性。加强对危险源和事故隐患的管理是班组安全管理的重要内容,也是班组人员的分内事
7	危险作业管理制度	班组必须加强对危险作业的管理,具体就是明确危险作业的范围、危险作业的审批、从事危险作业人员的条件、危险作业的安全要求、危险作业的防护措施、危险作业的现场管理
8	特种设备安全管理制度	由于特种设备危险性较大,加强对特种设备的安全管理十分重要。因此,班组必须制定特种设备安全管理制度
9	劳动保护用品管理制度	一般包括个人防护用品的发放范围、发放原则和标准,防护用品的使用规定,防护用品的管理部门或人员
10	安全生产档案管理制度	一般包括工伤事故档案、安全教育档案、安全奖惩档案、危险源和事故隐患管理档案、安全检查档案、特种设备管理档案、防尘防毒设备管理档案、员工职业卫生健康档案等
11	设备检修安全管理制度	设备长期使用,必然造成零部件的松动和磨损,使安全可靠性降低,甚至引发事故。为保证设备安全运行,必须制定切实可行的检修管理制度。设备检修安全管理对班组的安全生产有举足轻重的作用
12	安全生产操作规程	一般包括生产设备、装置的安全检修规程;各种产品生产的工艺规程和安全技术规程;各通用工种的安全操作规程;各生产岗位的安全操作方法等

三、班组安全风险控制精细化

1. 班组安全风险分析

班组安全风险分析流程见图1-5。

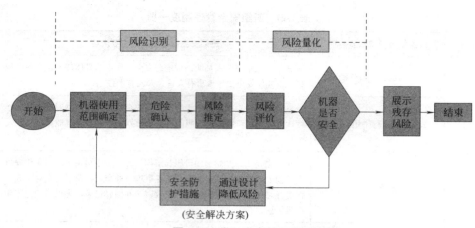

图1-5 班组安全风险分析流程

班组安全风险控制是研究风险发生的可能性及其产生的后果和损失。采取合适的防范措施可以把风险降到可接受水平。风险分析应该成为系统安全的重要组成部分。风险分析由以下要素组成：一是风险事件，风险事件是风险原因综合作用的结果，是产生损失的原因；二是风险评价，风险评价是分析和研究风险的边际值应是多少？风险-效益-成本分析结果怎样？如何处理和对待风险？三是风险管理，即风险的识别、风险的衡量、风险管理对策的选择、执行和评估。风险分析基本步骤见图1-6。

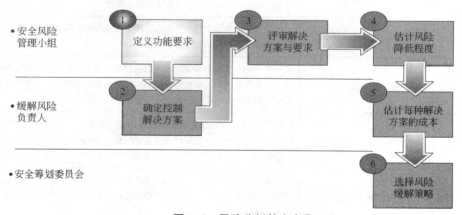

图1-6 风险分析基本步骤

2. 班组安全风险控制精细化

班组安全风险的预警对策有：减轻风险、预防风险、转移风险、回避风险、自留风险、后备措施。班组安全风险控制精细化见图1-7。

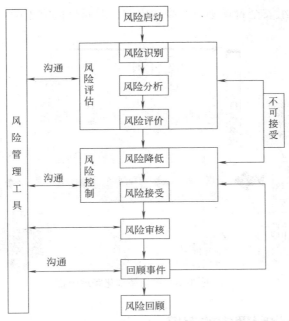

图1-7 班组安全风险控制精细化

第三节 班组精细化安全管理步骤、误区及落脚点

一、班组精细化安全管理的实施步骤

（1）选好班组长，强化班组长的核心地位。

（2）提高班组安全员素质。

（3）抓好班组成员的思想工作。

（4）加强安全知识教育。

（5）加强班组建设。

（6）狠抓制度落实。

精细化是班组安全管理必不可少的内容，其具体内容见图1-8。

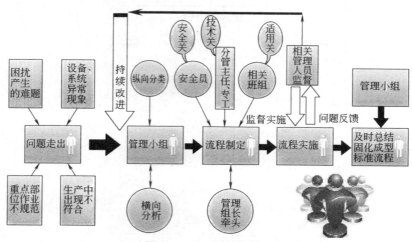

图1-8　班组精细化管理内容

二、班组精细化管理中的误区

（1）片面狭隘、袖手旁观。

（2）表层表演、实工虚做。

（3）复杂烦琐、贪大求全。

（4）短期行为、功利主义。

（5）标新立异、朝令夕改。

三、班组是企业实施精细化管理的落脚点

毫无疑问，精细化管理注重的是细节，但强调细节并不是说就不要战略或是战略不重要，精细化管理仍然把战略看成是最重要的。战略决定企业的命运、决定企业的发展方向，但再好的战略也必须要落实到每个细节的执行上，因此，战略决策也要细化、分解才能保证得到有效的执行。战略若不进行量化、细化、具体化，就容易让人感到抽象和空洞，不切实际、不着边际，最后就没有什么指导意义，更谈不上如何去很好的执行。所以，战略要从细节中来，到细节中去，战略制定做得越细，定位就越准，目标就越明确，可操作性就越强，效果就越好。由此得出：企业实施精细化管理的落脚点是班组。推进精细化管理的具体内容见图1-9。

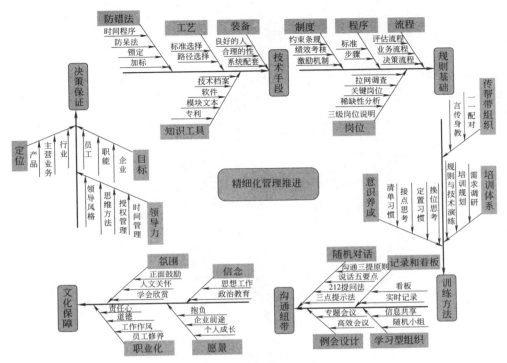

图1-9 精细化管理推进鱼刺图

班组的每位员工既是精细化管理的对象也是精细化管理的主体，既是参与者也是实施者。只有企业中的每个人都参与到精细化管理之中，精细化管理才能落到实处，才能发挥出成效，这是推进精细化管理的现实需要，也是内在动力。所以，企业员工要以精益求精的态度、严谨务实的作风、认真负责的工作态度去将自己的每一项工作做好，努力将小事做细、做实，力求出类拔萃，尽善尽美，杜绝一切麻痹思想和疏忽大意。

第二章 班组精细化安全培训与教育

班组安全教育对员工学习安全知识，掌握安全技能，取得安全上岗资质，深化安全管理都是不可或缺的重要一环。缺了这一环，班组安全生产链就连接不起来，甚至会出现断链失控，酿成重大事故。

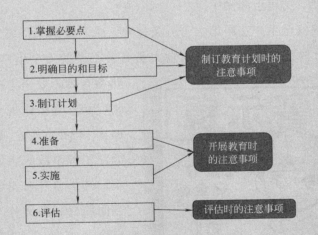

班组精细化安全管理

第一节 三级安全教育

一、三级安全教育要求

三级安全教育是指新入厂职员、工人的厂级安全教育，车间级安全教育和岗位（工段、班组）安全教育，这是厂矿企业安全生产教育制度的基本形式。三级安全教育制度是企业安全教育的基本制度。企业必须对新员工进行安全生产的入厂教育、车间教育、班组教育；对调换新工种、复工，采用新技术、新工艺、新设备、新材料的工人，必须进行新岗位、新操作方法的安全健康教育，受教育者经考试合格后，方可上岗操作。

《中华人民共和国安全生产法》第二十五条规定：生产经营单位应当对从业人员进行安全生产教育和培训，保证从业人员具备必要的安全生产知识，

熟悉有关的安全生产规章制度和安全操作规程，掌握本岗位的安全操作技能，了解事故应急处理措施，知悉自身在安全生产方面的权利和义务。未经安全生产教育和培训合格的从业人员，不得上岗作业。

生产经营单位使用被派遣劳动者的，应当将被派遣劳动者纳入本单位从

业人员统一管理，对被派遣劳动者进行岗位安全操作规程和安全操作技能的教育和培训。劳务派遣单位应当对被派遣劳动者进行必要的安全生产教育和培训。

生产经营单位接收中等职业学校、高等学校学生实习的，应当对实习学生进行相应的安全生产教育和培训，提供必要的劳动防护用品。学校应当协助生产经营单位对实习学生进行安全生产教育和培训。

二、三级安全教育内容

三级安全教育及调岗、复工教育内容，见表2-1。

表2-1　三级安全教育及调岗、复工教育内容

名称	教育的主要内容
厂级教育	① 讲解企业的架构、考勤制度、薪金发放、假期、处罚、辞职等问题。 ② 讲解国家有关安全生产的政策、法规，劳动保护的意义、内容及基本要求，使新入厂人员树立"安全第一，预防为主"和"安全生产，人人有责"的思想。 ③ 介绍企业的安全生产情况，包括企业发展史（含企业安全生产发展史）、企业设备分布情况（着重介绍特种设备的性能、作用、分布和注意事项），主要危险及要害部位，介绍一般安全生产防护知识和电气、机械方面的安全知识。 ④ 介绍企业的安全生产组织架构及成员，企业主要安全生产规章制度，等等。 ⑤ 介绍企业安全生产的经验和教训，结合企业和同行业常见事故案例进行剖析讲解（着重讨论对案例的预防），阐明伤亡事故的原因及事故处理程序等。 ⑥ 提出希望和要求（如要求受教育人员按企业管理制度积极工作）。要树立"安全第一，预防为主"的主要思想，在生产劳动过程中努力学习安全技术、操作规程，经常参加安全生产经验交流、事故分析活动和安全检查活动。要遵守操作规程和劳动纪律，不擅自离开工作岗位，不违章作业，不随便出入危险区域及要害部位，注意劳逸结合，正确使用劳动保护用品，等等
车间教育	① 重点介绍本车间生产特点、性质。如车间的生产方式及工艺流程，车间人员结构，安全生产组织及活动情况。 ② 车间主要工种及作业中的专业安全要求；车间危险区域，特种作业场所，有毒、有害岗位情况。 ③ 车间安全生产规章制度和劳动保护用品穿戴要求及注意事项，事故多发部位、原因及相应的特殊规定和安全要求。车间常见事故和对典型事故案例的剖析，车间安全生产的经验与问题等。 ④ 根据车间的特点介绍安全技术基础知识。 ⑤ 介绍消防安全知识及消防的政策法规

续表

名称	教育的主要内容
班组教育	① 介绍本班组生产概况、特点、范围、作业环境、设备状况、消防设施等。重点介绍可能发生伤害事故的各种危险因素和危险部位，用一些典型事故案例去剖析讲解。 ② 讲解本岗位使用的机械设备、工器具的性能，防护装置作用和使用方法。 ③ 讲解本工种安全操作规程和岗位责任及有关安全注意事项，使学员真正从思想上重视安全生产，自觉遵守安全操作规程，做到不违章作业，爱护和正确使用机器设备、工具等；介绍班组安全活动内容及作业场所的安全检查和交接班制度。 ④ 教育学员发现了事故隐患或发生事故时，应及时报告领导或有关人员，并学会如何紧急处理险情。 ⑤ 讲解正确使用劳动保护用品及其保管方法和文明生产的要求。 ⑥ 实际安全操作示范，重点讲解安全操作要领，边示范，边讲解，说明注意事项，并讲述哪些操作是危险的、是违反操作规程的，使学员懂得违章将会造成的严重后果
调岗教育	调换新工作岗位，主要指员工在车间内或厂内换工种，或调换到与原工作岗位操作方法有差异的岗位，以及短期参加劳动的干部等，这些人员应由接收单位进行相应工种的安全生产教育。教育内容可参照"三级安全教育"的要求确定，一般只需进行车间、班组二级安全教育。但调作特种作业人员，要经过特种作业人员的安全教育和安全技术培训，经考核合格取得操作许可证后方准上岗作业
复工教育	① 工伤后的复工安全教育。首先要针对已发生的事故作全面分析，找出发生事故的主要原因，并提出预防对策，进而对复工者进行安全意识教育、岗位安全操作技能教育及预防措施和安全对策教育等，引导其端正思想认识，正确吸取教训，提高操作技能，克服操作上的失误，增强预防事故的信心。 ② 休假后的复工安全教育。员工因休假（节日、婚、丧或产、病假等）而造成情绪波动、身体疲乏、精神分散，复工后容易因意志失控或者心境不定而产生不安全行为，导致事故发生。因此，要针对休假的类别，进行复工安全教育，即针对不同的心理特点，结合复工者的具体情况消除其思想上的余波。如重温本工种安全操作规程，熟悉机器设备的性能，进行实际操作练习等

第二节 新员工安全教育培训

一、新员工的权利和义务及安全常识

1. 员工的权利和义务

员工的权利和义务的具体内容见图2-1～图2-3。

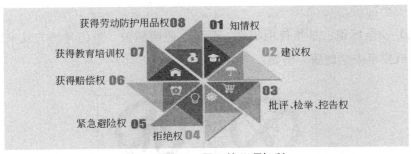

图2-1 员工的八项权利

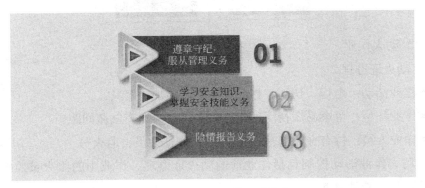

图2-2 员工的三项义务

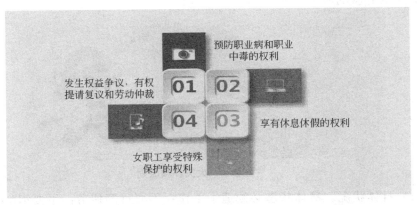

图2-3 员工的其他权利

2. 安全须知

（1）安全色：根据国家规定，安全色为红、黄、蓝、绿四种颜色。分禁止标志、警告标志、指令标志和提示标志四大类型。

红表示禁止、停止；黄表示警告、注意；蓝表示指令、必须遵守；绿表示安全、通行、提供信息。严禁随意损坏、拆除、挪动现场各种防护装置设施和警告、安全标识。

（2）安全标识：是指使用招牌、颜色、照明标识、声信号等方式来表明存在信息或指示安全健康。例如：

（3）动火作业

① 动火证办理。

- 作业活动：电焊、切割、打磨、使用高温加热器具。
- 作业环境：可燃易燃物清理、防火布、灭火器、气瓶间距。
- 作业人员：持有金属切割/焊接作业操作证人员、监火员。
- 动火作业活动控制包括作业前的动火证办理、作业中的监火员监护、作业后的现场检查清理等。

② 火灾扑救的原则，见图2-4。

图2-4 火灾扑救原则

（4）身体状况。身体状态必须适于工作：不要过度疲劳；不要宿醉未醒；将注意力集中到工作上；未受酒精或药物的影响。

如有困难，可以和你的上司或安全员谈。

二、新员工事故应对常识

1. 发生事故后的处置

（1）认知安全的重要性。认知安全重要性的具体内容见图2-5。

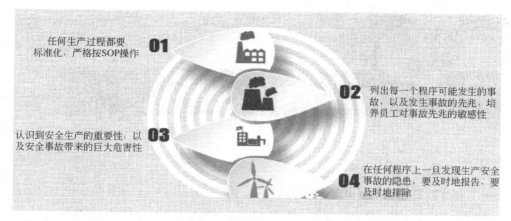

图2-5 认知安全重要性的内容

（2）事故处理程序。事故的具体处理程序见图2-6。

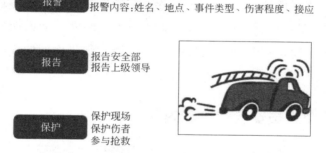

图2-6 事故处理程序

2. 突发事件应对程序

突发事件应对程序见图2-7。

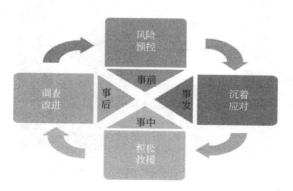

图2-7 突发事件应对程序

第三节 特种作业人员的安全教育

一、特种作业人员安全教育的重要性

特种作业人员的安全教育是安全管理中一个极为重要的环节。特种作业，不仅危险性大，极易发生群死群伤的重大伤亡事故，而且对周围环境以及他人的生命安全也有着重大的威胁。从当前发生的许多事故统计分析结果表明，由于特种作业人员的违章作业、违反劳动纪律以及冒险作业等造成的事故在各类人员伤亡事故中占到40%左右，比重很大。因而，如何做好特种作业人员的安全培训教育，提高他们的安全操作技能，强化他们的安全意识，就显得尤为重要。

二、特种作业人员安全教育的内容

按照原国家安监总局30号令的规定，特种作业人员共计11个作业类别、51个工种。因此，这里不能一一列出各工种的教育培训具体内容。只对特种作业人员教育培训内容作出宏观的要求，具体见表2-2。

表2-2 特种作业人员教育培训宏观内容要求

序号	宏观要求	具体内容
1	严格技能培训与考核工作	① 特种作业的人员选择必须严肃化。特种作业不同于一般工种的作业，因其自身的特殊性，决定了其从业人员也必具备相应的特殊条件。我们知道，在伤亡事故的发生和预防中，人的因素占有特殊的位置，人是事故的受伤害者，但人往往又是事故的肇事者，人的不安全行为因素在事故发生中占有很大的比重。而特种作业本身又是一种危险的作业，如若不能对从业人员的基本条件进行严肃把关，则对于在特种作业中增加伤亡事故的发生无疑是雪上加霜
		② 对特种作业人员培训的教材要统一化、正规化。培训教材质量的好坏，对提高特种作业人员各方面的素质至关重要。各种不同的特殊工种，必须有相应的统一、正规指定教材与之相配套，并且这一指定的教材应该由从事该工种实践研究工作多年、有丰富经验的专家或学者编写。培训教材要能体现出专业技术与实践操作相结合、思想教育与法规教育相结合、一般教育与专门教育相结合的特点
		③ 对特种作业人员的培训教育要规范化。特种作业人员的培训，不是一般的岗位培训，无论是参加劳动部门统一培训还是经授权自行组织培训，都必须按照标准规定的要求进行
		④ 对特种作业人员的考核要严格化。特种作业人员的培训质量如何，在很大的程度上是通过考核这一环节来检验的。因此，要真实体现特种作业人员掌握情况，就必须把好考核这最后一道"关"
		⑤ 对持证的特种作业人员的复审还要定期化。特种作业人员持证后的复审工作也是对特种作业人员素质进行把关的一个重要环节
2	加强对特种作业人员基本安全知识、常识的补充教育	① 对新入厂的特种作业人员必须进行"三级"教育。新入厂的特种作业人员，特别是刚从学校毕业出来参加工作的年轻特种作业人员，他们有文化、有知识，但对作业现场的基本安全知识、常识未必了解，他们缺少作业现场的实践经验，通常表现出来的是对作业现场充满好奇，很容易因此而产生各种不安全行为
		② 要加强对特种作业人员的法制教育。法制教育是特种作业人员基本安全常识教育的一个方面，作为特种从业人员，若对基本的安全生产法律、法规一窍不通，那可以说就是"法盲"
		③ 要加强对特种作业人员日常的班前、班后安全教育。有人说特种作业人员已经掌握了本工种的安全技术操作规程，再进行班前、班后安全教育就显得多此一举了。这种说法是错误的。特种作业人员还必须进行经常性教育。安全教育不可能一劳永逸，必须经常不断地进行。因为以前安全培训教育已经掌握了的安全技术与知识，如果不经常运用，可能会逐渐淡忘，所以要开展经常性教育
		④ 还要及时加强对特种作业人员新标准、新规范的补充教育
3	加强对特种作业人员的安全生产思想的教育	① 安全生产思想教育是在"安全生产技能教育"和"安全生产基本知识、常识教育"之后更高层次的"精神"教育
		② 应先听操作者本人的意见。因为人的思想是十分复杂的，又是经常变化的，必须及时分析、研究、掌握这种复杂的变化情况，找出缺点，然后根据不同的情况，采取不同的对策，"对症下药"并加以纠正
		③ 坚持对特种作业人员进行各种安全教育培训，并做到持证上岗，是提高操作者的安全技能和安全意识，避免和减少伤亡事故的前提和基础；同时也是保证企业安全生产，降低事故频率，实现安全生产目标的重要措施

三、特种作业办证程序

特种作业操作证的办理程序，见图2-8。

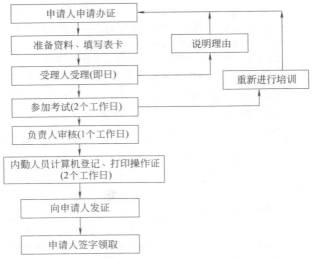

图2-8 特种作业操作证的办理程序

第四节 班组安全教育培训

一、班组安全教育培训实施目标化

为了发挥班组安全目标管理的功能，实现企业安全生产经营目标的良性循环，必须注重安全目标的制订、分解、实施、考核、保证等5个环节。安全目标的制订要切合实际，要在企业总体目标的指导下，形成个人对班组、班组对车间、车间对企业负责的层次管理；安全目标的分解要着重于展开、逐个落实，使企业车间对班组的各项安全管理工作都能够简便化、统一化、正规化地展开，对具体目标要做到量值数据化；目标确定、分解后，就必须着重加强相互之间的责任感，激发班组全员潜在的积极性、创造性、主动性，努力实现班组安全管理的方法科学化、内容规范化、基础工作制度化；班组安全目标的考核要和安全责任制挂钩，班组必须有确定的安全保证体系，即组织网络保证、物质措施保证等。班组安全目标管理是整个班组安全建设中的重要组成部分，只有把班组安全目标实现了，企业的安全基础才能夯实。班组安全教育实施目标流程，见图2-9。

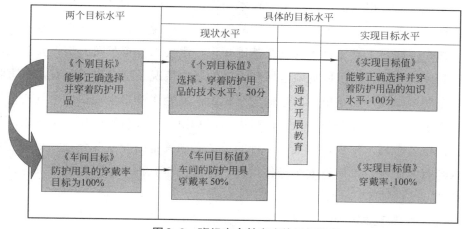

图2-9　班组安全教育实施目标流程

二、班组安全教育培训要做到危险预知

开展危险点分析是班组开展危险预知活动的重要内容之一。以一项工作任务或一项操作任务为一个专题，在班组安全活动中发动全班组人员讨论分析，找出此项工作的危险点并有针对性地提出预控措施，填好"危险点分析预控卡"，并在实际工作中加以落实。危险点分析讨论的过程正是全班组人员学习规程、认识危险点和提高安全意识的过程，也是变静态的事后管理为动态的超前管理的过程。

实践证明，班组成员要对本班组管辖范围或承担的作业项目做到明确无误，对重点、难点、危险点了如指掌，做到心中有数，并运用各种分析方法，制订相应的作业程序和应急预案，就能防患于未然。

三、班组安全教育的内容

1. 安全思想教育

安全思想教育是安全教育的核心、基础，是最根本的安全教育。其内容应包括党和国家的安全生产方针、政策,安全生产法律、法规,劳动纪律,安全生产先进经验和事故案例等。通过教育,要让每个员工深刻认识到安全生产的重要性,提高"从我做起"、搞好安全生产的责任感和自觉性,真正处理好安全与生产、安全与效益、安全与纪律、安全与环境、安全与行为等的关系。

2. 安全生产知识教育

安全生产知识包括:一般生产技术知识,即车间、班组基本生产情况,工艺流程,设备性能,各种原材料和产品的构造、性能、质量、规格;基本安全技术知识,即员工必须具备的安全基础知识,主要内容有车间、班组安全生产规章制度,车间、班组内危险区域和设备的基本情况及注意事项,有毒有害物质安全防护知识,起重机厂内运输安全知识,高处作业安全知识,电气安全知识,锅炉压力容器安全使用知识,防火防爆知识,个人防护用品使用知识,等等;岗位安全技术知识,即某一工种的员工必须具备的专业安全技术知识,主要内容有本工种、本岗位安全操作规程,标准化作业程序,事故易发部位,紧急处理方法,等等。

3. 安全技能教育与训练

在实际生产中,仅仅有安全知识是不够的,必须把学到的知识运用到实际中去,因而还要十分重视安全技能的教育和训练。安全技能是从实际生产过程中总结提炼出来的,一般情况下,都以学习、掌握"操作规程"等来完成,有的通过教育指导者的言传身教来实现。但无论用什么方法,受教育者都要经过自身的实践,反复纠正错误动作,逐渐领会和掌握正确的操作要领,才能不断提高安全技能的熟练程度。

4. 安全生产经验教育

安全生产的经验是员工身边活生生的教育材料,对提高员工的安全知识水平、增强安全意识有着十分重要的意义。安全生产先进经验是广大员工从实践中摸索和总结出来的安全生产成果,是防止事故发生的措施,是安全技术、安全管理方法、安全管理理论的基础。及时地总结、推广先进经验,既可以使被宣传的单位和个人受到鼓舞,激励他们再接再厉,又可以使其他单位和个人受到教育和启发,促使安全生产的"比、学、赶、帮、超"活动的开展。

5. 事故案例教育

与经验相对应的是教训,教训往往付出了沉重的代价,因而它的教育意义也就十分深刻。事故案例是进行安全教育最具有说服力的反面教材,它从反面指导员工应该如何避免复杂事故，消除不安全因素，促进安全生产。因此，运用本系统、本单位，特别是同工种、同岗位的典型事故案例进行教育，可以使员工更好地树立"安全第一"的思想，总结经验教训，制订预防措施，防止在本车间、本班组、本岗位发生类似事故。

以上几个方面的安全教育是相辅相成、缺一不可的。安全教育不仅对缺乏安全知识和技能的人是必需的，对具有一定的安全知识、安全技能的人，同样也是重要的。车间、班组要把安全教育作为制度固定下来，经常进行，而且不能走过场。安全教育中意识、知识、技能的关系见图2-10。

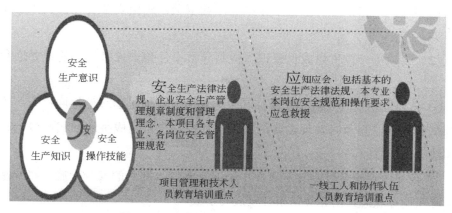

图2-10　安全教育中意识、知识、技能的关系

四、作业标准化是班组安全培训的保障

所谓作业标准化，就是在作业系统调查分析的基础上，将现行作业方法的每一操作程序和每一动作进行分解，以科学技术、规章制度和实践经验为依据，以安全、质量、效益为目标，对作业过程进行改善，从而形成一种优化作业的程序，逐步达到安全、准确、高效、省力的作业效果。班组作业标准化是预防事故、确保安全的基础，它能够有效地控制人的不安全行为，尤其能够控制"三违"现象的产生，从统计数据可看出，企业中所发生的事故有90%发生在班组，班组中有80%的事故是由"三违"现象引起的。

班组作业标准化把企业各项安全要求优化为"管理标准、技术标准、工作标准"，并在作业单元上严格规定了操作程序、动作要领。把整个作业过程分解为既互相联系又相互制约的操作程序、动作标准，把人的行为限制在动作标准之中，从根本上控制违章作业，特别是习惯性违章作业，保证班组人员上标准岗、干标准活、交标准班，从而制约了侥幸心理、防止冒险蛮干等不良现象的发生。

五、经常性的安全活动是教育培训的有效途径

安全意识教育是班组安全管理的主要内容，安全教育决不能一劳永逸，班组开展日常安全活动的要点如下。

（1）应让每一位班组成员从签订安全责任书之时起就清楚自己的安全责任和控制责任，并在安全活动中不定期地进行分析讨论，总结前一阶段工作中的落实情况，指出下一阶段工作中的注意事项，确保安全责任在具体工作中的落实。

（2）应让每一位班组成员认识"控制异常事件和未遂事故"的重要性和途径。

① 必须做到及时发现异常事件和未遂事故。应通过运行的巡回检查、检修的预试和技术监督及时发现设备的异常事件；通过班组成员的互相监督及时发现和消除未遂事故。

② 必须做到安全控制异常事件。采取完善的、周密的安全措施，将异常事件消除在萌芽状态，防止异常事件发展为事故。

第三章 班组精细化安全检查

班组安全检查是在交接班时，对机器设备、安全设施、工器具、危险源点、现场环境、劳保用品穿戴、人员的精神状态等进行检查与交接，有问题要交接清楚并做好记录。班组中进行巡检，重点是检查设备运行状况、人员操作行为、安全制度执行情况；本着事事有人管、人人有事管和便于工作的原则，把安全责任划分到每个人。对长期闲置的设备使用前要全面检查，经确认合格后方可使用。对有一段时间未上班的员工，要重点督促其在工作中注意安全。对检查出来的问题要及时整改，自身不能解决的问题要及时上报，以便上级尽快解决。

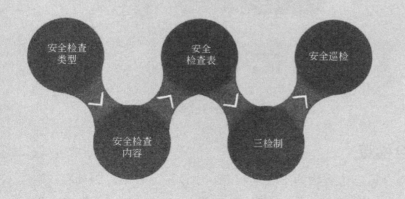

第一节 安全检查的内容

一、常规安全检查

班组常规安全检查就是每个班次都要进行巡检,在巡检过程中最重要的检查即安全检查,因此也叫常规检查。事故隐患的十个特征见图3-1。

图3-1 事故隐患的十个特征

二、现场安全检查

现场安全检查重点检查物的不安全状态。如设备、设施、工具存在缺陷;防护、保险、信号等装置缺乏或有缺陷;作业场所不符合安全要求;劳动防护用具、用品配备缺少或有缺陷;生产场地的环境不良等。

三、设备安全检查

设备安全检查包括起重设备的安全检查、电气设备的安全检查、锅炉压力容器的安全检查、压力管道的安全检查、工艺设备的安全检查等。

四、节前安全检查

节日前员工的思想放松了,头脑中安全生产的意识淡薄了,因此,进行节日前的安全检查,就能及时发现问题进而解决问题,确保班组的安全生产。

五、季度安全检查

每一个季度都要进行安全总结,也要进行季度安全检查,班组也是一样的,对一个季度以来工作的进展和取得的成绩以及未能及时解决的安全问题进行回头看,并着手解决。

六、年度安全检查

年度安全检查就是每年年底前进行的一次综合性安全大检查。这个年度安全检查可以是企业级的、分厂级的、车间级的,也可以是班组级的,特别是班组年度安全检查,对发现和整改班组存在的安全隐患应及时消除,进而确保安全生产具有重要的意义。

安全检查的过程见图3-2。

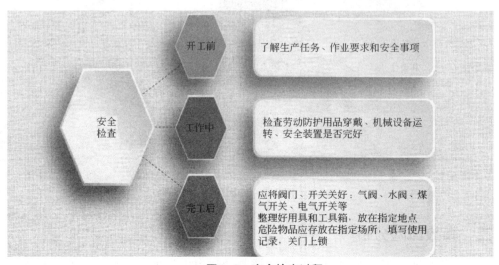

图3-2　安全检查过程

第二节 事故预防精细化

一、树立事故可防可控观念

生产安全事故是否可防可控,不仅是一个理论问题,更是一个实践问题。如果认为"事故不可避免""事故随生产经营活动的扩大而必然增多",预防为主的方针就难以成立、难以实行,也会使安全生产工作失去方向、失去信心、失去着力点。面对在工业化、城镇化快速发展中一度出现的生产安全事故多发高发的情况,首先在治理层面上强调树立事故可防可控的观念,强化扭转被动局面的信心和决心,利用海因里希法则防止事故的发生。海因里希法则见图3-3。

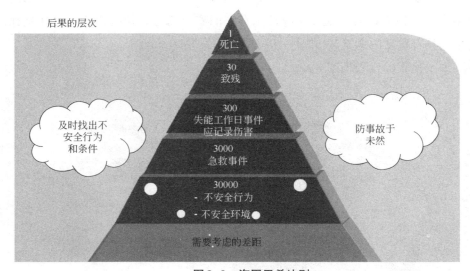

图3-3 海因里希法则

二、事故风险分析

事故预防首先要进行风险分析,通常是指由于当事者主观上不能控制的一些因素的影响，使得实际结果与当事者的事先估计有较大的背离而带来的损失。这些背离产生的原因，可能是当事者对有关因素和未来情况缺乏足够信息而无法作出精确估计，也可能是由于考虑的因素不够全面而造成预期效果与实际效果之间的差异。进行风险分析，有助于确定有关因素的变化对决策的影响程度。

1. 风险矩阵表

风险矩阵表见表3-1。

表3-1 风险矩阵表

严重率↓	结果 人员	递增的可能性→				
		1 几乎不发生	2 在本行业发生过	3 在本组织发生过	4 每年行业内都会发生	5 每年在现场内都会发生
0	没有受伤					
1	轻微受伤	管理的持续提高				
2	较轻伤害					
3	重伤			采取降低风险的方法		
4	一人死亡					不能接受
5	多人死亡					

2. 风险程度的等级划分

风险程度的等级划分见表3-2。

表3-2 风险程度等级划分

危险性分值	危险程度
≥320	极度危险，不能继续作业
≥160~320	高度危险，需要立即整改
≥70~160	显著危险，需要整改
≥20~70	比较危险，需要注意
<20	稍有危险，可以接受

3. 风险（事故）的控制

一般企业风险控制流程见图3-4。

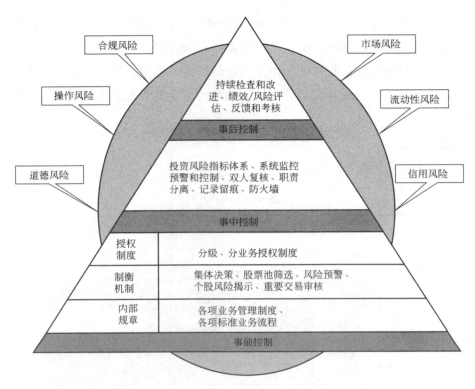

图3-4 风险控制流程

三、精细化（风险）事故预防

1. 风险（事故）预防理论

风险（事故）预防理论见图3-5。

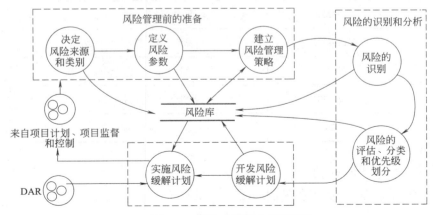

图3-5 风险（事故）预防理论

2. 风险（事故）预防精细化管理安全对策

风险（事故）预防精细化管理安全对策见图3-6。

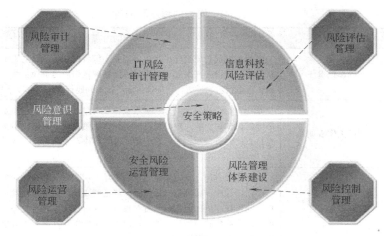

图3-6 风险（事故）预防精细化管理安全对策

第三节 班组安全检查中的合理问责

一、严格监督确保操作精、细、准

除了严格的安全检查之外，严格的监督也非常重要，检查的目的之一就是监督，就是保证员工的操作规范、准确、精细，不出半点差错。

二、让责任心为安全护航

安全就是责任，责任保证安全。问责制是指问责主体对其管辖范围内的各级组织和成员承担职责义务的履行情况，实施并要求其承担否定性后果的一种责任追究制度。在班组安全中引入问责制，其本质在于监督班组安全工作，对班组安全的责任人和所有班组成员强化安全责任，提升大家的安全责任心，以高度负责的精神对待每一个岗位,确保任何时候、任何岗位的安全。因为责任心是安全的前提,责任心是安全的保障。问责的程序和内容见表3-3。

表3-3 问责的程序和内容

序号	问责的程序	问责的内容
1	明确岗位责任	各班组的岗位安全作出尽可能完备、细致的规定,要明确不同岗位的安全责任,以便在实施责任追究时能够确定相应的责任主体,也让员工真正领悟自己岗位所负责任的内涵,认识到履行责任的重要性和必要性
2	明确工作事项	班组每一个岗位上的每一名人员都要对自己的岗位职责和安全内容有清晰的认知和了解,知道自己该干什么,明白什么时候应当干什么,清楚自己的职责范围。有问题一定要及时解决,不捂不瞒,及时上报、整改、解决
3	制订问责文件	在问责文件中,一定要确定问责事项,明确发生什么样的情况或事情启动问责程序;要规范问责程序,就是要规定在问责事项发生后,谁来启动问责程序,如何确定问责对象,如何核查、如何追究等;要充分保证被问责对象的申辩和申诉权,问责决定作出后,被问责对象在一定时间内享有申诉的权利
4	问责实施	就是在日常的安全工作中、年度安全考核和安全监督检查中,当发生问责事项后,班组长依照问责文件启动问责程序,依据岗位职责和安全工作确定问责对象,并做到问人与问制同时进行,在事情发生后不仅对人进行问责,还要进行制度层面的问责,从而进行制度上的改进,不能白交学费,要研究发生事故的根源,看问题究竟发生在哪个环节,是制度存在缺陷,是执行不力,还是监督未能到位
5	加强配套制度建设	问责制的真正实行,还需要健全相关配套制度予以支持。要本着与时俱进的原则,对现有的规定、制度认真进行清理,该修改的要修改、该整合的要整合,以增强其适应性(针对性和可操作性)。要本着开拓创新的原则,有针对性地推进相关制度建设。既要着力解决有关问责的实体性规范的空当问题,又要着力解决现有制度有关问责规定的细化和配套问题,还要着力解决确保问责制度能得到有效的运用、执行的程序和机制问题。一般应建立或修订员工处罚条例、安全生产管理办法、人事管理办法等配套制度
6	营造问责文化	在问责制度和相关配套制度建立之后,班组长要带头大力倡导并实施问责制,让问责制变成全体班组成员共同遵守的制度。必须让全体班组成员参与进来,让他们感到自己参与了班组管理,从而营造出问责文化,全面提升班组员工的安全责任意识,把安全和责任作为自己行为的第一准则,这样才能真正为班组的安全保驾护航

三、让班组日常安全检查成为常态

让班组的日常安全检查成为常态,就是要像吃饭、睡觉一样,每天的工作离不开,每天的作业成习惯,这样,班组日常安全检查就能起到确保安全的作用。班组日常安全检查的内容见表3-4。

表3-4 班组日常安全检查的内容

序号	检查项目	检查标准	检查日期							
			×	×	×	×	×	×	×	×
1	上岗证	操作工人经技术培训考试合格，持证上岗								
2	工艺指标	主要工艺指标符合生产工艺规定要求								
3	巡回检查	按时、按线路巡检								
4	劳动保护	生产工人按要求穿戴防护用品								
5	消防设施	消防器材和设施配置到位、齐全、有效、合理								
6	操作记录	按时、准确、详细，字迹清楚、工整，涂改率为零								
7	交接班记录	上班的生产情况，本班所进行的主要工作以及遗留的问题								
8	班前（后）会	班长应作安全讲话，交接班应有安全内容								
9	生产装置	系统生产正常、稳定，设备管道无泄漏，设备完好								
10	岗位操作工	岗位人员遵章守纪，严格遵守各项规章制度和安全操作规程								
		检查人员签字								

检查问题及整改情况：

第四章 班组安全精细化作业

加强班组安全精细化作业管理，是减少"三违"现象、预防事故发生的有效途径。人的不安全行为、物的不安全状态和管理缺失，是造成事故的重要因素，班组作为最基层的生产组织，是各项生产任务的直接执行者和实现安全生产的主要载体，作业的精细化安全管理是班组安全管理的主要内容。

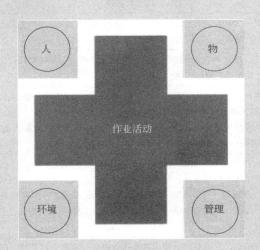

第一节 危险作业精细化管理

一、班组作业安全要求

1. 作业优化与改善

优化班组的现场管理,一是要从班组实际出发,选择好突破口,有计划地解决现场管理中存在的突出问题;二是要针对班组生产现场的各种作业进行分析,寻求最经济、最有效的作业程序和作业方法;三是定期对实施结果进行评价,不断推动班组工作的步步深入。班组作业优化的相关内容见表4-1。

表4-1 班组作业优化的相关内容

序号	要素	主要内容
1	关心员工	领导和员工之间应融洽相处,关心员工的生活和工作,为员工办实事,改善员工生活条件,增强企业凝聚力
2	加强民主管理	生产期间,应定期召开民主生活会,要求全班组员工都要积极提出一些合理化建议,充分发挥民主监督作用
3	加强6S管理	在班组生产现场管理中,通过导入"6S"管理活动(整理、整顿、清扫、清洁、素养、安全),形成以班组管理为活动平台,以人的素养为核心因素,以整理、整顿、清扫和清洁为环境因素,以安全、环保为目标因素的生产现场动态管理系统,从而为员工创造一个安全、卫生、舒适的工作环境
4	发挥班组长的作用	班组长,在企业中充当的是一个兵头将尾的角色,通过合理运用手中的权力,调动每个员工的工作积极性,使班组充满活力,为此必须做好班组长的选拔、培训、考核、激励等工作。班组长要做好表率。在班组建设中表率是指班组长的"自治"行为,在班组做表率不仅是让组员效仿,还是衡量班组长是否合格的基本标准
5	强化教育培训,提高员工的素质	加强教育培训,主要是指对班组成员进行技能、安全生产、岗位职责和工作标准等方面的教育培训,同时将培训成绩记入个人档案,与个人的工资、奖金、晋级、提拔挂钩
6	开展班组达标管理工作	企业应制定可操作性的达标标准,标准内容力求系统考虑,整体推进,分步实施,同时应把班组达标工作的总目标分解到每个员工身上,通过强化考核,细化管理,确保企业总体工作目标的完成

续表

序号	要素	主要内容
7	健全组织、权责分明、加强领导	为切实加强组织领导，保证班组建设工作健康有序的进行，应成立班组建设工作领导小组，行使指导和监督的职能。领导小组由企业主要负责人任组长，分管领导任副组长，各职能部门的负责人为组员。在班组建设工作领导小组下成立班组建设工作考核工作小组，具体负责班组达标管理等班组建设工作的检查督促和考核奖惩
8	健全班组生产现场管理体制	班组不管大小，要建立以班组长、党团小组长、政治宣传员等为核心的班委会。班委会的任务是确定班组建设目标，为开好班组会做准备。另外还要建立"工管员"制，"工管员"一般包括质量管理员、考勤员、工具材料员、文明生产员、劳保生活员，管理落实到人头，形成人人有事干、事事有人管

2. 班组生产作业计划编排

班组编排生产作业计划很重要，它是保证圆满完成生产任务的必要工作、先期工作，因此必须引起班组成员和班组长的高度重视。班组生产作业计划编排见图4-1。

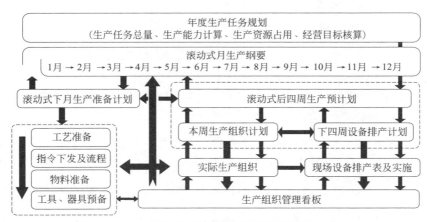

图4-1 班组生产作业计划编排

3. 班组生产作业计划执行

生产作业计划是生产计划编排工作的继续，是企业年度生产计划的具体执行计划。它是协调企业日常生产活动的中心环节。它根据年度生产计划规定的产品品种、数量及大致的交货期的要求对每个生产单位，在每个具体时期内的生产任务做出详细规定，使年度生产计划得到落实。与生产计划相比，生产作业计划具有计划期短、计划内容具体、计划单位小等三个特点。它的主要任务包括：生产作业准备的检查；制订期量标准；生产能力的细致核算与平衡。某班组生产作业计划执行见图4-2。

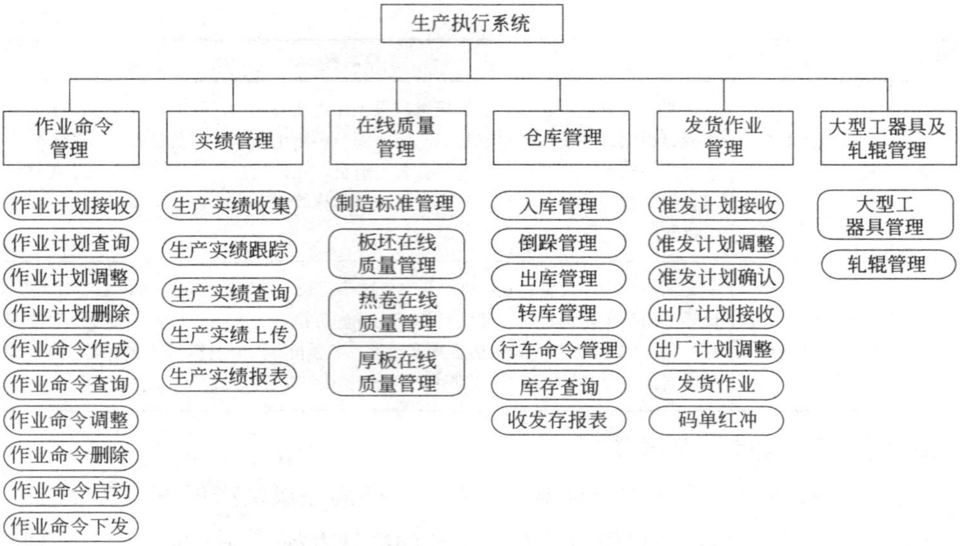

```
                        生产执行系统
    ┌──────┬──────┬──────┼──────┬──────────┐
  作业命令  实绩管理  在线质量  仓库管理  发货作业   大型工器具及
    管理            管理              管理      轧辊管理
```

- 作业计划接收
- 作业计划查询
- 作业计划调整
- 作业计划删除
- 作业命令创建
- 作业命令查询
- 作业命令调整
- 作业命令删除
- 作业命令启动
- 作业命令下发

- 生产实绩收集
- 生产实绩跟踪
- 生产实绩查询
- 生产实绩上传
- 生产实绩报表

- 制造标准管理
- 板坯在线质量管理
- 热卷在线质量管理
- 厚板在线质量管理

- 入库管理
- 倒跺管理
- 出库管理
- 转库管理
- 行车命令管理
- 库存查询
- 收发存报表

- 准发计划接收
- 准发计划调整
- 准发计划确认
- 出厂计划接收
- 出厂计划调整
- 发货作业
- 码单红冲

- 大型工器具管理
- 轧辊管理

图4-2 某班组生产作业计划执行

4. 班组生产作业计划执行的注意事项

班组生产作业计划执行的注意事项见表4-2。

表4-2 班组生产作业计划执行的注意事项

班组生产作业计划执行的注意事项	①作业计划分派形式是指把生产作业计划分派给企业员工的形式。 ②注意生产的均衡性，合理地使用企业现有人力、物力和财力，使生产流水线的节拍均匀和平衡。 ③尽可能做好新老产品转换的各项准备工作，用最短的时间来适应新品种的生产，以缩短生产周期。 ④在生产人员的配备上要量才录用，依据每位员工的技术能力安排各自能够胜任的工种和岗位，关键工序要派技术熟练的高级技工担任，使每位员工既能满负荷作业，又不超负荷，从而使生产流水线长久地保持平衡。 ⑤组织好每条生产流水线，使工艺流程科学合理，要求做到就近组合、顺向流程、均衡节拍、缩短周期。 ⑥注意生产作业动向，加强动态管理，一旦发现瓶颈工段，立即进行疏导和调整，使生产作业能按原计划进行。 ⑦做好上下工段和上下工序间的制品传递和衔接工作，准备控制各工段和各工序的生产数据，及时汇总和掌握生产进度

二、八大危险作业精细化管理

1. 动火作业精细化管理

（1）着火源的危害识别。着火源见图4-3。

着火源
明火
冲击摩擦
绝热压缩
高温加热表面
电气火花和电弧
静电
自然发热
热射线

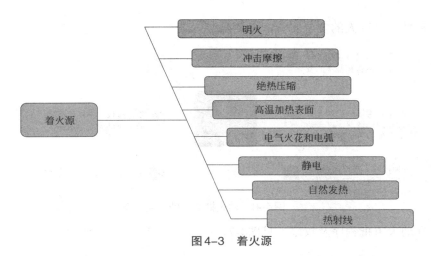

图4–3　着火源

（2）动火作业的安全管理

① 动火人的安全职责见图4-4。

应参与风险危害因素辨识和安全措施的制订
若发现不具备安全条件时不得进行动火作业
应随身携带《动火作业许可证》
应确认动火地点和时间
应逐项确认相关安全措施的落实情况
动火人

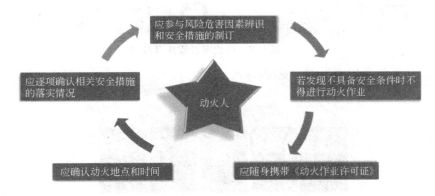

图4–4　动火人的安全职责

② 监火人的安全职责，见图4-5。

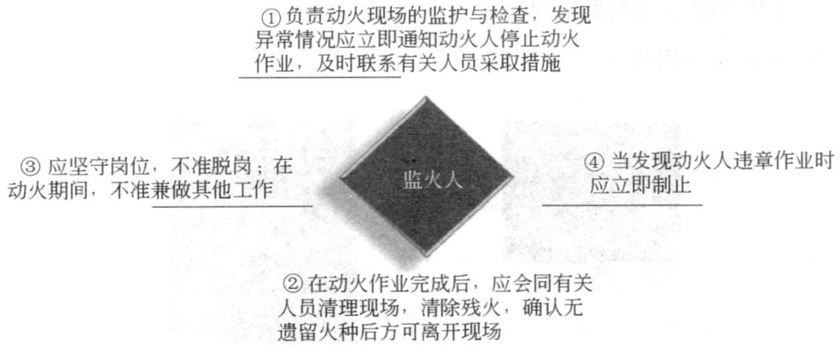

①负责动火现场的监护与检查，发现异常情况应立即通知动火人停止动火作业，及时联系有关人员采取措施
③ 应坚守岗位，不准脱岗；在动火期间，不准兼做其他工作
监火人
④ 当发现动火人违章作业时应立即制止
② 在动火作业完成后，应会同有关人员清理现场，清除残火，确认无遗留火种后方可离开现场

图4–5　监火人的安全职责

③动火批准人的安全职责，见图4-6。

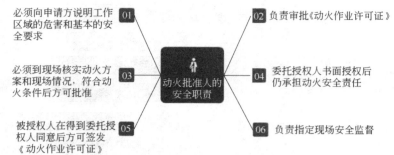

图4-6 动火批准人的安全职责

④动火审批程序及权限，见图4-7。

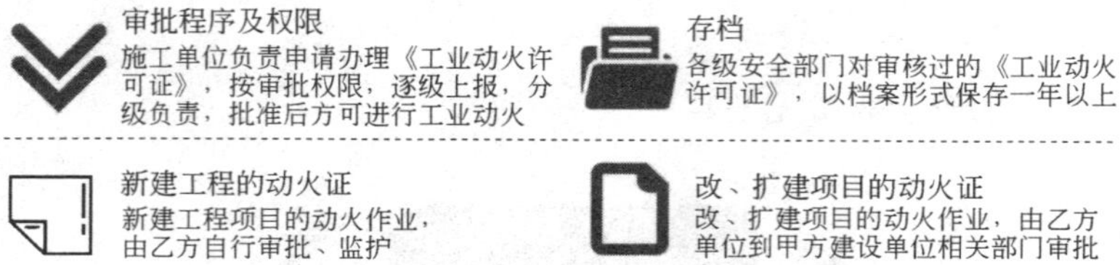

图4-7 动火审批程序及权限

⑤动火作业相关程序，见图4-8。

图4-8 动火作业相关程序

2. 受限空间作业精细化管理

（1）受限空间作业危险识别

①照明及安全用电要求见图4-9。

图4-9 照明及安全用电要求

② 受限空间监护人的安全职责见图4-10。

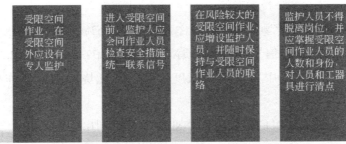

图4-10 受限空间监护人的安全职责

③ 受限空间作业危险、有害因素分析。其具体内容见表4-3。

表4-3 受限空间作业危险、有害因素分析

因素	各种因素的危害分析
人的因素	① 作业人员因素：作业人员不了解进入受限空间期间可能面临的危害；不了解隔离危害和查证已隔离的程序；不了解危害暴露的形式、征兆和后果；不了解防护装备的使用和限制，如测试、监督、通风、通信、照明、预防坠落、障碍物，以及进入方法和救援装备；不清楚监护人用来提醒撤离时的沟通方法；不清楚当发现有暴露危险的征兆或症状时，提醒监护人的方法；不清楚何时撤离受限空间，可能导致事故发生。 ② 监护人员因素：监护人不了解作业人员在进入受限空间期间可能面临的危害；不了解人员受到危害影响时的行为表现；不清楚召唤救援和急救部门帮助进入者撤离的方法，就不能起到监督空间内外活动和保护进入者安全的作用
物的因素	① 有毒气体：受限空间内可能会存在很多的有毒气体，既可能是在受限空间内已经存在的，也可能是在工作过程中产生的。聚积于受限空间的常见有害气体有硫化氢、一氧化碳、甲烷、沼气等，这些都对作业人员有中毒威胁。硫化氢（H_2S）是无色气体，有特殊的臭味（臭鸡蛋味），易溶于水；密度比空气大，易积聚在通风不良的城市污水管道、窨井、化粪池、污水池、纸浆池以及其他各类发酵池和蔬菜腌制池等低洼处（含氮化合物，例如蛋白质腐败分解产生）。一氧化碳（CO）是无色无臭气体，微溶于水，溶于乙醇、苯等多数有机溶剂；属于易燃易爆有毒气体，与空气混合能形成爆炸性混合物，遇明火、高热能引起燃烧爆炸。 ② 氧气不足：受限空间内的氧气不足是经常遇到的情况。氧气不足的原因很多，如被密度大的气体（如二氧化碳）挤占、燃烧、氧化（比如生锈）、微生物行为（如老鼠分解）、吸收和吸附（如潮湿的活性炭）、工作行为（如使用溶剂、涂料、清洁剂或者是加热工作）等都可能影响氧气含量。作业人员进入后，可能由于缺氧而窒息，而超过常量的氧气可能会加速燃烧或产生其他的化学反应。 ③ 可燃气体：在受限空间中常见的可燃气体包括甲烷、天然气、氢气、挥发性有机化合物等
环境因素	在具有湿滑表面的受限空间作业，有导致人员摔伤、磕碰等危险。进行人工挖孔桩作业的事故现场，有坍塌、坠落，造成击伤、埋压的危险。清洗大型水池、储水箱、输水管（渠）的作业现场，有导致人员遇溺的危险。作业现场电气防护装置失效或误操作，电气线路短路、超负荷运行、雷击等都有可能发生电流对人体的伤害，造成伤亡事故的危险
管理因素	安全管理制度的缺失、有关施工（管理）部门没有编制专项施工（作业）方案、没有应急救援预案或未制定相应的安全措施、缺乏岗前教育，以及进入受限空间作业人员的防护装备与设施得不到维护和维修，是造成该类事故发生的重要原因。未制定受限空间作业的操作规程、操作人员无章可循而盲目作业、操作人员在未明了作业环境情况下贸然进入受限空间作业场所、误操作生产设备、作业人员未配必要的安全防护与救护装备等，都有可能导致事故的发生

（2）受限空间作业的安全对策

① Engineering——技术对策。

a. 受限空间的作业场所空气中的含氧量应为19.5%～23%，若空气中含氧量低于19.5%，应有报警信号。有毒物质浓度应符合GBZ 2.1和GBZ 2.2规定。

b. 受限空间空气中可燃气体浓度应低于可燃烧极限或爆炸极限下限的10%。

c. 当必须进入缺氧的受限空间作业时，尽量利用所有人孔、手孔、料孔、风门、烟门进行自然通风，进入自然通风换气效果不良的受限空间时，应采取机械强制通风。采取机械通风作业时，操作人员所需的适宜新风量应为30～50m^3/h，可满足稀释有毒有害物质的需要。

d. 在可燃气体的受限空间场所内使用防爆照明设备。在潮湿地面等场所使用的移动式照明灯具，其安装高度距地面2.4m及以下时，额定电压不应超过36V。锅炉、金属容器、管道、密闭舱室等狭窄的工作场所，手提行灯额定电压不应超过12V。手提行灯应有绝缘手柄和金属护罩，灯泡的金属部分不准外露。手持式电动工具应进行定期检查，并有记录，绝缘电阻应符合有关规定。

e. 动力机械设备、工具要放在受限空间的外面，并保持安全的距离以确保气体或烟雾排放时远离潜在的火源。同时应防止设备的废气或碳氢化合物烟雾影响受限空间作业。

f. 受限空间的坑、井、洼、沟或人孔、通道出入门口，应设置防护栏、盖和警告标志，夜间应设警示红灯。防止无关人员进入受限空间作业场所，提醒作业人员重视，在受限空间外敞面醒目处，设置警戒区、警戒线、警戒标志。当作业人员在与输送管道连接的封闭、半封闭设备内部作业时，应严密关闭阀门，装好盲板，设置"禁止启动"等警告信息。

g. 存在易燃性因素的场所警戒区内应按GB 50140设置灭火器材，并保持有效状态；专职安全员和消防员应在警戒区定时巡回检查、监护，并有检查记录。严禁火种或可燃物落入受限空间。

h. 应急器材放置在作业现场，急救药品应完好、有效。

② Education——教育对策。进入受限空间前，应对从事受限空间作业的人员进行培训，内容包括：

a. 作业前针对施工方案，对作业内容、职业危害等相关知识的培训教育。

b. 对紧急情况下的个人避险常识、中毒窒息和其他伤害的应急救援措施的培训教育；

c. 按上岗要求的技术业务理论考核和实际操作技能考核成绩合格。

③ Enforcement——管理对策。企业安全管理部门应配备专门人员负责受限空间作业的安全工作，并制订完善的受限空间作业管理制度，包括以下内容：

第一，作业前认真进行危害辨识。

a. 是否存在可燃气体、液体或可燃固体的粉尘发生火灾或爆炸而引起正在作业的人员受到伤害的危险；

b. 是否存在因有毒、有害气体或缺氧而引起正在作业的人员中毒或窒息的危险；

c. 是否存在因任何液体水平位置的升高而引起正在作业的人员遇到淹溺的危险；

d. 是否存在因固体坍塌而引起正在作业的人员掩埋或窒息的危险；

e. 是否存在因极端的温度、噪声、湿滑的作业面、坠落、尖锐锋利的物体等物理危害而引起正在作业的人员受到伤害的危险；

f. 是否存在吞没、腐蚀性化学品、带电等因素而引起正在作业的人员受到伤害的危险。

第二，作业前实施隔断、清洗、置换通风。采取措施针对许可空间进行保护，如加盲板；拆除部分管路；采用双截止阀和放空系统；停电和挂牌；对实施作业的受限空间进行清洗、置换通风，使作业空间内的空气与外界流通，从而保证作业人员安全。

第三，作业前严格进行取样分析。对作业空间的气体成分，特别是置换通风后的气体进行取样分析，各种可能存在的易燃易爆、有毒有害气体，烟气以及蒸气，氧气的含量要符合相关的标准和要求。

第四，安排专人进行作业安全监护。进入受限空间作业要安排专人现场监护，并为其配备便携式有毒有害气体和氧含量检测报警仪器、通信、救援设备，不得在无监护人的情况下作业。作业监护人应熟悉作业区域的环境和工艺情况，有判断和处理异常情况的能力，掌握急救知识。

第五，佩戴检测仪器，必要时采取个体防护措施。进入一氧化碳、光气、硫化氢等无臭或有毒、剧毒气体作业场所，都应该佩戴便携式有毒有害气体检测仪。必要时，按规定佩戴适用的个体防护用品器具，如佩戴隔离式防护面具等。

（3）受限空间作业流程。受限空间作业流程见图4-11，有限空间作业安全要求见图4-12。

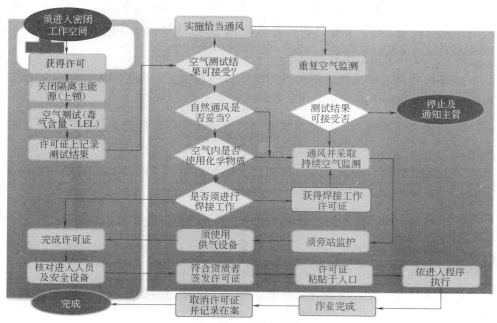

图4-11 受限空间作业流程

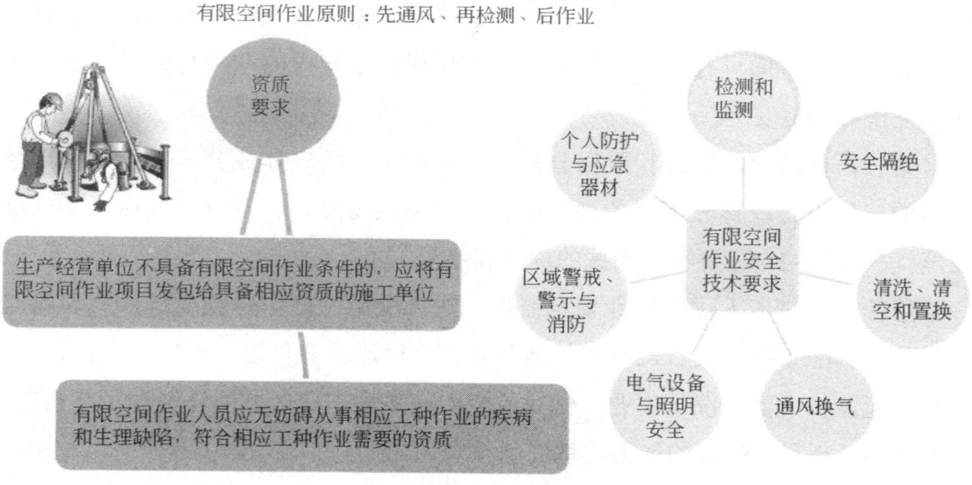

有限空间作业原则：先通风、再检测、后作业

图4-12 有限空间作业安全要求

3. 临时用电作业精细化管理

（1）临时用电作业危险辨识。临时用电作业风险分析见表4-4。

表4-4　临时用电作业风险分析

序号	风险分析	安全措施	确认人
1	违章作业	①作业人员必须持有电气安全作业证； ②临时用电线路架空高度在装置内不低于2.5m，道路不低于5m； ③所有临时用电，不得采用裸线； ④临时用电架空线，不得在树上和脚手架上架设	
2	电缆损坏	暗管埋设及地下电缆线路应设有"走向"标志和安全标志，电缆埋设深度大于0.7m	
3	配电盘、配电箱短路	现场临时配电盘、配电箱应有防雨措施	
4	设施损坏	①临时用电设施应有漏电保护器； ②用电设备、线路容量、负荷应合符要求	
5	火灾爆炸	所使用的临时电气设备和线路必须达到相应的防爆要求	
6	作业条件变化	若作业条件发生变化，应重新办理"临时用电作业证"	

（2）临时用电作业的安全技术措施。临时用电安全技术措施包括两个方面的内容：一是安全用电在技术上所采取的措施；二是为了保证安全用电和供电的可靠性，在组织上所采取的各种措施，它包括各种制度的建立、组织管理等一系列内容。临时安全用电措施应包括表4-5所列内容。

表4-5　临时用电安全技术措施内容

名称	安全技术措施内容
1. 保护接地	保护接地是指将电气设备不带电的金属外壳与接地体之间做可靠的电气连接。它的作用是当电气设备的金属外壳带电时，如果人体触及此外壳时，由于人体的电阻远大于接地体电阻，则大部分电流经接地体流入大地，而流经人体的电流很小。这时只要适当控制接地电阻（一般不大于4Ω），就可减少触电事故发生，但是在TT供电系统中，这种保护方式的设备外壳电压对人体来说还是相当危险的
2. 保护接零	在电源中性点直接接地的低压电力系统中，将用电设备的金属外壳与供电系统中的零线或专用零线直接做电气连接，称为保护接零。它的作用是当电气设备的金属外壳带电时，短路电流经零线而成闭合电路，使其变成单相短路故障，因零线的阻抗很小，所以短路电流很大，一般大于额定电流的几倍，甚至几十倍，这样大的单相短路将使保护装置迅速而准确地动作，切断事故电源，保证人身安全。其供电系统为接零保护系统，即TN系统
3. 设置漏电保护器	① 施工现场的总配电箱和开关箱至少设置两级漏电保护器，而且两级漏电保护器的额定漏电动作电流和额定漏电动作时间应作合理配合，使之具有分级保护的功能。 ② 开关箱中必须设置漏电保护器，施工现场所有用电设备，除作保护接零外，必须在设备负荷线的首端处安装漏电保护器。 ③ 漏电保护器应装设在配电箱电源隔离开关的负荷侧和开关箱电源隔离开关的负荷侧。 ④ 漏电保护器的选择应符合国标GB 6829《漏电电流动作保护器（剩余电流动作保护器）》的要求，开关箱内的漏电保护器其额定漏电动作电流应不大于30mA，额定漏电动作时间应小于0.1s。 ⑤ 在潮湿和有腐蚀介质场所使用的漏电保护器应采用防溅型产品。其额定漏电动作电流应不大于15mA，额定漏电动作时间应小于0.1s

续表

名称	安全技术措施内容
4. 安全电压	安全电压指不戴任何防护设备，接触时对人体各部位不造成任何损害的电压。我国国家标准GB 3805《安全电压》中规定，安全电压值的等级有42V、36V、24V、12V、6V五种。同时还规定：当电气设备采用了超过24V电压时，必须采取防直接接触带电体的保护措施。 对下列特殊场所应使用安全电压照明器： ① 隧道、人防工程、有高温、导电灰尘或灯具离地面高度低于2m等场所的照明，电源电压应不大于36V。 ② 在潮湿和易触及带电体场所的照明电源电压不得大于24V。 ③ 在特别潮湿的场所、导电良好的地面、锅炉或金属容器内工作的照明电源电压不得大于12V
5. 电气设备的设置应符合的要求	① 配电系统应设置室内总配电屏和室外分配电箱或设置室外总配电箱和分配电箱，实行分级配电。 ② 动力配电箱与照明配电箱宜分别设置，如合置在同一配电箱内，动力和照明线路应分路设置，照明线路接线宜接在动力开关的上侧。 ③ 开关箱应由末级分配电箱配电。开关箱内应一机一闸，每台用电设备应有自己的开关箱，严禁用一个开关电器直接控制两台及两台以上的用电设备。 ④ 总配电箱应设在靠近电源的地方，分配电箱应装设在用电设备或负荷相对集中的地区。分配电箱与开关箱的距离不得超过30m，开关箱与其控制的固定式用电设备的水平距离不宜超过3m。 ⑤ 配电箱、开关箱应装设在干燥、通风及常温场所。不得装设在有严重损伤作用的瓦斯、烟气、蒸气、液体及其他有害介质中，也不得装设在易受外来固体物撞击、强烈振动、液体浸溅及热源烘烤的场所。配电箱、开关箱周围应有足够两人同时工作的空间，其周围不得堆放任何有碍操作、维修的物品。 ⑥ 配电箱、开关箱的安装要端正、牢固，移动式的箱体应装设在坚固的支架上。固定式配电箱、开关箱的下皮与地面的垂直距离应大于1.3m，小于1.5m。移动式分配电箱、开关箱的下皮与地面的垂直距离为0.6～1.5m。配电箱、开关箱采用铁板或优质绝缘材料制作，铁板的厚度应大于0.5mm。 ⑦ 配电箱、开关箱中导线的进线口和出线口应设在箱体下底面，严禁设在箱体的上顶面、侧面、后面或箱门处
6. 电气设备的安装	① 配电箱内的电器应首先安装在金属或非木质的绝缘电器安装板上，然后整体紧固在配电箱箱体内，金属板与配电箱体应作电气连接。 ② 配电箱、开关箱内的各种电器应按规定的位置紧固在安装板上，不得歪斜和松动。并且电器设备之间、设备与板四周的距离应符合有关工艺标准的要求。 ③ 配电箱、开关箱内的工作零线应通过接线端子板连接，并应与保护零线接线端子板分设。 ④ 配电箱、开关箱内的连接线应采用绝缘导线，导线的型号及截面应严格执行临电图纸的标示截面。各种仪表之间的连接线应使用截面不小于2.5mm^{2}的绝缘铜芯导线，导线接头不得松动，不得有外露带电部分。 ⑤ 各种箱体的金属构架、金属箱体，金属电器安装板以及箱内电器的正常不带电的金属底座、外壳等必须做保护接零，保护零线应经过接线端子板连接。 ⑥ 配电箱后面的排线需排列整齐，绑扎成束，并用卡钉固定在盘板上，盘后引出及引入的导线应留出适当余度，以便检修。 ⑦ 导线剥削处防止损伤，不应线芯过长，导线压头应牢固可靠，多股导线不应盘圈压接，应加装压线端子（有压线孔者除外）。如必须穿孔用顶丝压接时，多股线应刷锡后再压接，不得减少导线股数

续表

名称	安全技术措施内容
7. 电气设备的防护	① 在建工程不得在高、低压线路下方施工,高、低压线路下方,不得搭设作业棚,建造生活设施,或堆放构件、架具、材料及其他杂物。 ② 施工时各种架具的外侧边缘与外电架空线路的边线之间必须保持安全操作距离。当外电线路的电压为1kV以下时,其最小安全操作距离为4m;当外电架空线路的电压为1～10kV时,其最小安全操作距离为6m;当外电架空线路的电压为35～110kV时,其最小安全操作距离为8m。上、下脚手架的斜道严禁搭设在有外电线路的一侧。旋转臂架式起重机的任何部位或被吊物边缘与10kV以下的架空线路边线最小水平距离不得小于2m。 ③ 施工现场的机动车道与外电架空线路交叉时,架空线路的最低点与路面的最小垂直距离应符合以下要求:外电线路电压为1kV以下时,最小垂直距离为6m;外电线路电压为1～35kV时,最小垂直距离为7m
8. 电气设备的操作与维修人员	施工现场内临时用电的施工和维修必须由经过培训后取得上岗证书的专业电工完成,电工的等级应同工程的难易程度和技术复杂性相适应,初级电工不允许进行中、高级电工的作业
9. 电气设备的使用与维护	① 施工现场的所有配电箱、开关箱应每月进行一次检查和维修。检查、维修人员必须是专业电工。工作时必须穿戴好绝缘用品,必须使用电工绝缘工具。 ② 检查、维修配电箱和开关箱时,必须将其前一级相应的电源开关分闸断电,并悬挂停电标志牌,严禁带电作业。 ③ 配电箱内盘面上应标明各回路的名称、用途,同时要作出分路标记。 ④ 总、分配电箱门应配锁,配电箱和开关箱应指定专人负责。施工现场停止作业1h以上时,应将动力开关箱上锁。 ⑤ 各种电气箱内不允许放置任何杂物,并应保持清洁。箱内不得挂接其他临时用电设备。 ⑥ 熔断器的熔体更换时,严禁用不符合原规格的熔体代替
10. 施工现场的配电线路	① 现场中所有架空线路的导线必须采用绝缘铜线或绝缘铝线。导线架设在专用电线杆上。 ② 当架空线用铜芯绝缘线时,其导线截面不小于10mm²;当用铝芯绝缘线时,其截面不小于16mm²;跨越铁路、公路、河流、电力线路档距内的架空绝缘铝线最小截面不小于35mm²,绝缘铜线的最小截面不小于16mm²。 ③ 在一个档距内每一层架空线的接头数不得超过该层导线条数的50%,且一根导线只允许有一个接头;线路在跨越铁路、公路、河流、电力线路档距内不得有接头。 ④ 架空线路相序的排列: a. TT系统供电时,其相序排列:面向负荷从左向右为L1、N、L2、L3; b. TN-S系统或TN-C-S系统供电时,和保护零线在同一横担架设时的相序排列:面向负荷从左至右为L1、N、L2、L3、PE; c. TN-S系统或TN-C-S系统供电时,动力线、照明线同杆架设上、下两层横担,相序排列方法:上层横担,面向负荷从左至右为L1、L2、L3;下层横担,面向负荷从左至右为L1、(L2、L3)、N、PE。当照明线在两个横担上架设时,最下层横担面向负荷,最右边的导线为保护零线PE

4. 高处作业精细化管理

（1）高处作业危险辨识。高处作业危险性分析及预防措施见表4-6。

表4-6 高处作业危险性分析及预防措施

序号	风险分析	安全措施	确认人
1	作业人员不熟悉作业环境或不具备相关安全技能	作业人员必须经安全教育，熟悉现场环境和施工安全要求，按《高处作业证》内容检查确认安全措施落实到位后，方可作业	
2	作业人员未佩戴防坠落、防滑用品或使用方法不当或用品不符合相应安全标准	作业人员必须戴安全帽，拴安全带，穿防滑鞋。作业前要检查其用品符合相关安全标准，作业中应正确使用	
3	未派监护人或未能履行监护职责	作业监护人应熟悉现场环境和检查确认安全措施落实到位，具备相关安全知识和应急技能，与岗位保持联系，随时掌握工况变化，并坚守现场	
4	跳板不固定，脚手架、防护围栏不符合相关安全要求	搭设的脚手架、防护围栏应符合相关安全规程	
5	登石棉瓦、瓦楞板等轻型材料作业	在石棉瓦、瓦楞板等轻型材料上作业，应搭设并站在固定承重板上作业	
6	登高过程中人员坠落或工具、材料、零件高处坠落伤人	高处作业使用的工具、材料、零件必须装入工具袋，上、下时手中不得持物。不准空中抛接工具、材料及其他物品。易滑动、易滚动的工具和材料堆放在脚手架上时，应采取措施防止坠落	
7	高处作业下方站位不当或未采取可靠的隔离措施	高处作业正下方严禁站人，与其他作业交叉进行时，必须按指定的路线上、下，禁止上、下垂直作业。若必须垂直进行作业时，应采取可靠的隔离措施	
8	与电气设备（线路）距离不符合安全要求或未采取有效的绝缘措施	在电气设备（线路）旁高处作业，应符合安全距离要求。在采地（零）电位或等（同）电位作业方式进行带电高处作业时，必须使用绝缘工具	
9	作业现场照度不良	高处作业应有足够的照明	
10	无通信、联络工具或联络不畅	30m以上高处作业应配备通信、联络工具，指定专人负责联系，并将联络相关事宜填入《高处作业证》安全防范措施补充栏内	
11	作业人员患有高血压、心脏病、恐高症等职业禁忌症或健康状况不良	患有职业禁忌症和年老体弱、疲劳过度、视力不佳、酒后人员及其他健康状况不良者，不准高处作业	
12	大风、大雨等恶劣气象条件下从事高处作业	如遇暴雨、大雾、六级以上大风等恶劣气象条件，应停止高处作业	
13	涉及动火、抽堵盲板等危险作业，未落实相应安全措施	若涉及动火、抽堵盲板等危险作业时，应同时办理相关作业许可证	
14	作业条件发生重大变化	若作业条件发生重大变化，应重新办理《高处作业证》	

（2）高处坠落事故树分析。高处坠落事故树分析见图4-13。

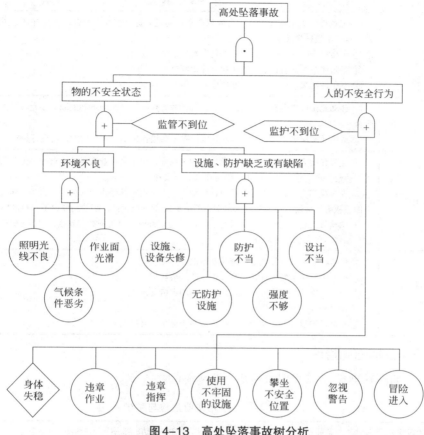

图4-13 高处坠落事故树分析

（3）高处作业精细化控制。高处作业精细化控制要点见表4-7。

表4-7 高处作业精细化控制要点

项目	安全控制要点				
高处作业	凡在坠落高度基准面2m以上（含2m）有可能坠落的高处进行的作业				
分级及半径	级别	一级	二级	三级	四级
	作业高度/m	2～5	5～15	15～30	大于30
	坠落半径/m	2	3	1	5
基本安全作业	① 施工单位应提供安全帽、安全带、防滑鞋等安全防护用具和用品； ② 从事高处作业的人员应按规定正确佩戴和使用； ③ 高处作业危险部位应悬挂安全警示牌，夜间施工应保证足够的照明并设红灯示警； ④ 从事高处作业的人员不得攀爬脚手架或栏杆上、下，严禁投掷工具、材料； ⑤ 6级及6级以上强风和雷电、暴雨、大雾等气候条件不得露天高处作业				

续表

项目	安全控制要点
攀登与悬空作业	① 现场作业人员不允许在阳台间或非正规通道处进行登高、跨越，不允许在起重机臂架、脚手架栏杆攀登上、下； ② 在高空安装管道时，管道上不允许人员站立和行走； ③ 不允许站在钢筋斜架上作业和沿骨架攀登上、下； ④ 不允许站在模板上或模板支撑杆上操作
操作平台作业	① 移动式操作平台台面≥10m²，平台移动时，作业人员必须下到地面，不允许带人移动平台； ② 悬挑式操作平台安装时不能与外围护脚手架进行拉粘，应与建筑结构进行拉粘
交叉作业	① 交叉作业人员不允许在同一垂直方向上操作，使下部作业人员的位置处在上部落物的可能坠落半径范围之外，当不能满足要求，应设置安全隔离层； ② 在拆除模板、脚手架等作业时，作业点下方不得有其他作业人员，防止落物伤人，拆下的模板等堆放时，应与楼板边沿留出不小于1m的安全距离，码放高度也不宜超过1m； ③ 结构施工自二层起，凡人员进、出的通道都应搭设防护棚，高度超过24m的交叉作业，通道口应设双层防护棚
安全防护设施验收	① 临边、洞口等各类技术措施设置情况； ② 技术措施所用的配件、材料和工具的规格和材料； ③ 技术措施的节点构造及其与建筑物的固定情况； ④ 扣件和连接件的紧固程度； ⑤ 安全防护设施的用品及设备的性能与质量是否合格的验证

5. 断路作业精细化管理

（1）断路作业的危险辨识及防护（见表4-8）。

表4-8 断路作业危险与防护

断路危险因素	断路安全防护措施
1. 标识不明，信息沟通不畅，影响交通，引发事故	①作业前，施工单位在断路路口设置交通挡杆、断路标志，为来往的车辆提示绕行线路。 ②交管部门审批《断路安全作业证》后，立即通知调度等有关部门
2. 作业期间，无适当安全措施或不到位，引发交通事故或人员伤害事故	①断路作业过程中，施工单位应负责在施工现场设置围栏、交通警告牌，夜间应悬挂警示红灯。 ②在断路施工作业时，施工单位应设置安全巡检员，保证在应急情况下公路的随时畅通。 ③在断路施工作业期间，施工单位不得随意乱堆施工材料
3. 作业结束后，现场清理不彻底，阻碍交通，引发事故	①断路作业结束后，施工单位应负责清理现场，撤除现场和路口设置的挡杆、断路标志、围栏、警告牌、警示红灯，报交管部门。 ②交管部门到现场检查核实后，通知各有关单位断路工作结束，恢复交通
4. 变更未经审批，引发事故	①断路作业应按《断路安全作业证》的内容进行，严禁涂改、转借《断路安全作业证》，严禁擅自变更作业内容、扩大作业范围或转移作业部位。 ②在《断路安全作业证》规定的时间内未完成断路作业时，由断路申请单位重新办理

续表

断路危险因素	断路安全防护措施
5. 涉及危险作业组合，未落实相应安全措施	若涉及高处、动土等危险作业时，应同时办理相关作业许可证
6. 施工条件变化，未重新办证	施工条件发生重大变化，应重新办理《断路安全作业证》

（2）断路作业精细化管理

① 安全管理原则。

a. 凡在厂区内进行断路作业必须办理《断路安全作业证》。

b. 断路申请单位负责管理施工现场。企业要在断路路口设立断路标志，为来往的车辆提示绕行线路。

c. 厂区交通管理部门审批《断路安全作业证》后，要立即书面通知调度、生产、消防、医务等有关部门。

d. 施工作业人员接到《断路安全作业证》确认无误后，即可进行断路作业。

e. 断路时，施工单位负责在路口设置交通挡杆、断路标志。

f. 断路后，施工单位负责在施工现场设置围栏、交通警告牌，夜间要悬挂警示红灯。

g. 断路作业结束后，施工单位负责清理现场，撤除现场、路口设置的挡杆、断路标识、围栏、警告牌、警示红灯。申请断路单位检查核实后，负责报告厂区交通管理部门，然后由厂区交通管理部门通知各有关单位断路工作结束恢复交通。

h. 断路作业应按《断路安全作业证》的内容进行，严禁涂改、转借《断路安全作业证》，变更作业内容，扩大作业范围或转移作业部位。

i. 对《断路安全作业证》审批手续不全、安全措施不落实、作业环境不符合安全要求的，作业人员有权拒绝作业。

j. 在《断路安全作业证》规定的时间内未完成断路作业时，由断路申请单位重新办理《断路安全作业证》。

② 《断路安全作业证》办理。

a. 《断路安全作业证》由申请断路作业的单位指定专人办理。

b. 《断路安全作业证》由厂区交通管理部门审批。

c. 申请断路作业的单位在厂区交通管理部门领取《断路安全作业证》，逐项填写后交施工单位。

d. 施工单位接到《断路安全作业证》后，填写《断路安全作业证》中施工单位应填写的内容，填写后将《断路安全作业证》交断路申请单位。

e. 断路申请单位从施工单位收到《断路安全作业证》后，交厂区交通管理部门审批，并将办理好的《断路安全作业证》留存，并分别送交厂区交通管理部门、施工单位各一份。

③ 断路作业安全管理内容。

a. 进行断路作业，申请单位和施工单位应制订周密的安全措施，方可作业。

b. 申请单位负责管理作业现场，应制订交通组织方案，设置相应的标志和设施，以确保作业期间的交通安全。

c. 用于道路作业的工具、材料应放置在作业区内或其他不影响交通的场所。

6. 动土作业精细化管理

（1）动土作业的危险辨识。凡是影响到地下电缆、管道等设施安全的地上作业都包括在动土作业的范围之内。如挖土、打桩、埋设接地极等入地超过一定深度的作业（入土深度以多少为界视各企业地下设施深度而定，有的0.5m，有的0.6m，以可能危及地下设施的原则而定）；绿化植物、设置大型标语牌、宣传画廊以及排放大量污水等影响地下设施的作业；用推土机、压路机等施工机械进行填土或平整场地；在规定以外的场地堆放重物或在正规道路以外的场内界区运输重型物资，包括运输工具在内物件运载总重在限定值以上的都应视作动土作业。堆物荷物和运载总量的限定值应根据土质而定。

① 动土方案应考虑的因素。见图4-14。

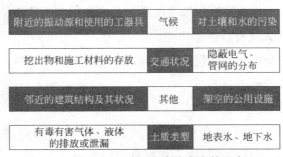

图4-14 动土方案应考虑的因素

② 动土作业风险分析见表4-9。

表4-9 动土作业风险分析

序号	风险分析	安全措施	确认人
1	管线电缆破坏，造成事故	① 电力电缆已确认，保护措施已落实； ② 电信电缆已确认，保护措施已落实； ③ 地下供排水管线、工艺管线已确认，保护措施已落实； ④ 动土邻近地下隐蔽设施时，应轻轻挖掘，禁止使用抓斗等机械机具	
2	发生坍塌	① 多人同时挖土应保持一定的安全距离； ② 挖掘土方应自上而下进行，不准采用挖地角的办法，挖出的土不准堵塞下水道和窨井； ③ 开挖没有边坡的沟、坑等必须设支撑，开挖前，设法排除地表水，当挖到地下水位以下时，要采取排水措施； ④ 作业人员必须戴安全帽，坑、槽、井、沟边沿不准人员站立、行走	
3	出现中毒	① 必须备有可燃气体检测仪和有毒气体检测仪； ② 作业人员必须佩戴防毒面具； ③ 人员出入口和撤离保护措施必须落实	
4	造成坠落	① 作业现场围栏、警戒线、警告牌、夜间警示红灯必须按要求设置； ② 作业现场在夜间要求有足够的照明； ③ 作业人员上、下作业面时要铺设跳板	
5	涉及危险作业组合，未落实相应安全措施	若涉及高处、断路等危险作业时，必须同时办理相关安全作业证	
6	施工条件发生重大变化	若施工条件发生重大变化，应重新办理《动土安全作业证》	

（2）动土作业精细化管理

① 动土前，施工单位负责对全体施工人员进行安全教育以及施工的安全措施的现场交底，并负责贯彻落实。

② 动土前，施工单位必须与申请动土作业的单位取得联系，应根据工作任务、交底情况和施工要求，查清动土地点的地下情况，制订施工方案并落实安全措施，由生产部和动土地点所属国土资源单位联合签发《动土作业许可证》后，方可施工。

③ 动土中，施工人员必须严格执行《动土作业许可证》上规定的安全措施和审批人员提出的补充要求，不准擅自撤销或改变安全措施。

④ 动土中，若发现有事先未预料到的地下电缆、管线以及不能辨别的物品时，必须立即停止动土，并报告动土审批单位处理。

⑤ 在临近电缆、电线的位置动土时，应小心谨慎、轻轻挖掘，严禁使用铁锹和抓斗等器具强行深挖。

⑥ 在靠近建筑物旁挖掘基坑时，应该视挖掘强度做好防止滑坡和塌方等情况的必要安全措施。动土中被暴露的电缆、管线等，应及时妥善保护，迁移电缆和悬吊电缆火线时，必须停电，经验电后方可进行。

⑦ 挖掘土方应该由上而下逐层施工，禁止采用挖空底角和挖洞的方法，且应做好排水措施，防止塌方和滑坡情况发生。

⑧ 动土完毕，现场的沟、坑等应及时填平，否则，应该设置围栏、盖板和警示标志，夜间应设置警示红灯指示。

⑨《动土作业许可证》审批后，应交动土执行人随身携带，对违章指挥、审批手续不全以及安全措施不落实的动土作业，施工人员有权拒绝作业。

⑩ 雨期和解冻期在土方工程内作业时，应及时检查土方边坡，当发现土方边坡有裂纹或不断落土及支撑松动、变形、折断等情况时应立即停止作业，经采取可靠措施检查无问题后方可继续施工。

7. 吊装作业精细化管理

（1）吊装作业的危险辨识

① 起重机在运行中对人体造成的挤压或撞击。

② 起重机吊钩超载断裂、吊运时钢丝绳从吊钩中滑出。

③ 起重机吊运中重物坠落造成物体打击，重物从空中落到地面又反弹伤人。

④ 钢丝绳或麻绳断裂造成重物下落；使用应报废的钢丝绳，使用的吊具吊运超过额定起重量的重物等造成重物下落。

⑤ 汽车起重机作业场所地面不平整、支撑不稳定、配重不平衡、重物超过额定起重量而造成起重机倾覆。

⑥ 风力过大、违章作业造成起重机倾覆。

⑦ 机械传动部分未加防护，造成机械伤害；违章在卷扬机钢丝绳上面通过，运动中的钢丝绳将人挤伤或绊倒。

⑧ 载货升降机违章载人。

⑨ 人站在起重臂下等危险区域。

⑩ 电气设备漏电、保护装置失效、裸导线未加屏蔽等造成触电。

（2）吊装作业程序。吊装作业程序见图4-15。

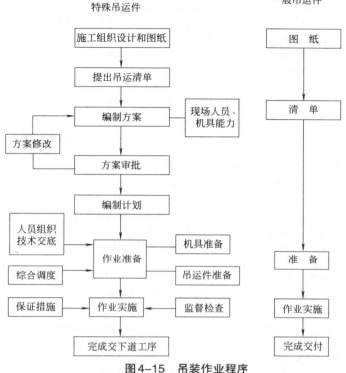

图 4-15 吊装作业程序

（3）吊装作业精细化管理。吊装作业精细化安全管理内容见表4-10。

表4-10 吊装作业精细化安全管理内容

1.吊装作业前的安全检查	① 作业主管部门应对从事指挥和操作的人员进行资格确认。 ② 应对有关安全事项进行讨论，对安全措施落实情况进行确认。 ③ 实施吊装作业单位负责人应对起重吊装机械和吊具进行安全检查确认，确保处于完好状态。 ④ 实施吊装作业单位使用汽车吊装机械，要确认安装有汽车防火罩。 ⑤ 装置经管部门应对吊装区域内的安全状况进行检查（包括吊装区域的划定、标识、障碍）。警戒区域设置警戒线及吊装现场应设置安全警戒标志，并设专人监护，非作业人员禁止入内。 ⑥ 实施吊装作业单位负责人应在施工现场核实天气情况。室外作业遇到大雪、暴雨、大雾及6级以上大风时，不应安排吊装作业。 ⑦ 在将起重机驶入某一区域时，应该先估计地面及地下土层的条件，以确保起重机的稳定性，并且不会损坏地下设施、不会伤到人员。 ⑧ 严禁利用管道、管架、电杆、机电设备等作为吊装锚点。未经有关专业技术人员审查核算，不得将建筑物、构筑物作为锚点。 ⑨ 确保起重机吊钩的安全插销和安全舌片处于良好状态且被正确使用。 ⑩ 确保起重机水平度，其倾斜度不超过百分之一；确保起吊钢索始终保持垂直；保持货物就在吊臂的正下方。 ⑪ 液压支撑板大小应该至少是液压支腿截面积的三倍以上。 ⑫ 负载表必须粘贴在起重机的驾驶室内。负载表必须是与正在使用的特定起重机相符的负载表，必须随时能够拿到起重机手册，并且起重机手册必须完好、可读

续表

2. 吊装作业中的安全措施	① 吊装现场应设置安全警戒标志，并设专人监护，非作业人员禁止入内，安全警戒标志应符合《安全标志及其使用导则》(GB 2894)的规定。 ② 不应靠近输电线路进行吊装作业。确需在输电线路附近作业时，起重机械的安全距离应大于起重机械的倒塌半径并符合《电业安全工作规程》的要求；不能满足时，应停电后再进行作业。吊装场所如有含危险物料的设备、管道等时，应制订详细吊装方案，并对设备、管道采取有效防护措施，必要时停车，放空物料，置换后进行吊装作业。 ③ 大雪、暴雨、大雾及6级以上大风时，不应露天作业。 ④ 作业前，作业单位应对起重机械、吊具、索具、安全装置等进行检查，确保其处于完好状态。 ⑤ 应按规定负荷进行吊装，吊具、索具经计算选择使用，不应超负荷吊装。 ⑥ 不应利用管道、管架、电杆、机电设备等作为吊装锚点。未经土建专业审查核算，不应将建筑物、构筑物作为锚点。 ⑦ 起吊前应进行试吊，试吊中检查全部机具、地锚受力情况，发现问题应将吊物放回地面，排除故障后重新试吊，确认正常后方可正式吊装。 ⑧ 指挥人员应佩戴明显的标志，并按《起重吊运指挥信号》(GB 5082)规定的联络信号进行指挥。 ⑨ 起重机械操作人员应遵守如下规定： a. 按指挥人员发出的指挥信号进行操作；任何人发出的紧急停车信号均应立即执行；吊装过程中出现故障，应立即向指挥人员报告，没有指挥令，任何人不得擅自离开岗位； b. 重物接近或达到额定起重吊装能力时，应检查制动器，用低高度、短行程试吊后，再吊起； c. 利用两台或多台起重机械吊运同一重物时应保持同步，各台起重机械所承受的载荷不应超过各自额定起重能力的80%； d. 下放吊物时，不应自由下落（溜）；不应利用极限位置限制器停车； e. 不应在起重机械工作时对其进行检修；不应有载荷的情况下调整起升变幅机构的制动器； f. 停工和休息时，不应将吊物、吊笼、吊具和吊索悬在空中。 ⑩ 司索人员应遵守如下规定： a. 听从指挥人员的指挥，并及时报告险情； b. 不应用吊钩直接缠绕重物及将不同种类或不同规格的索具混在一起使用； c. 吊物捆绑应牢靠，吊点和吊物的重心应在同一垂直线上；起升吊物时应检查其连接点是否牢固、可靠；吊运零散件时，应使用专门的吊篮、吊斗等器具，吊篮、吊斗不应装满； d. 起吊重物就位时，应与吊物保持一定的安全距离，用拉伸或撑杆、钩子辅助其就位； e. 起吊重物就位前，不应解开吊装索具。 ⑪ 不论任何原因，如果操作人员同指挥人员失去了联络，那么操作人员应该马上停止一切操作行为直到恢复联系。最好使用下列方式联系：视觉联系、有线电话、无线对讲机（无线对讲机波段应不同于任何其他用途的波段）等。 ⑫ 在货物装卸过程中确保工作区域和起重机活动区域没有无关人员。还应确保当起重机装卸卡车的时候车厢和驾驶室里无人。 ⑬ 在货物起吊的调整、升起和降下过程中或者起重机的移动（旋转）过程中应鸣笛示警。 ⑭ 在整个操作过程中，可通过引绳、拉钩来控制货物的摆动，禁止将引绳缠绕在身体的任何部位。 ⑮ 注意检查进行起吊工作的区域是否靠近易燃易爆物品，在防爆危险区域工作要获得相应的工作安全许可。 ⑯ 起吊重物就位前，不许解开吊装索具。

续表

3. 操作人员应遵守的规定	① 按指挥人员所发出的指挥信号进行操作。对紧急停车信号，不论由何人发出，均应立即执行。 ② 司索人员应听从指挥人员的指挥，并及时报告险情。 ③ 当起重吊臂吊钩或吊物下面有人，吊物上有人或浮置物时，不得进行起重操作。 ④ 严禁起吊超负荷或重物质量不明和埋置物体；不得捆挂、起吊不明质量且与其他重物相连、埋在地下或与其他物体冻结在一起的重物。 ⑤ 在制动器、安全装置失灵、吊钩防松装置损坏、钢丝绳损伤达到报废标准等情况下严禁起吊操作。 ⑥ 应按规定负荷进行吊装，吊具、索具经计算选择使用，严禁超负荷运行。所吊重物接近或达到额定起重装能力时，应检查制动器，用低高度、短行程试吊后，再平稳吊起。 ⑦ 重物捆绑、紧固、吊挂不牢，吊挂不平衡而可能滑动，或斜拉重物棱角吊物与钢丝绳之间没有衬垫时不得进行起吊。 ⑧ 不准用吊钩直接缠绕重物，不得将不同种类或不同规格的索具混在一起使用。 ⑨ 吊物捆绑应牢靠，吊点和吊物的中心应在同一垂直线上。 ⑩ 无法看清场地、无法看清吊物情况和指挥信号时，不得进行起吊。 ⑪ 起重机械及其臂架、吊具、辅具、钢丝绳、缆风绳和吊物不得靠近高低压输电线路。在输电线路近旁作业时，应按规定保持足够的安全距离，不能满足时，应停电后再进行起重作业。 ⑫ 停工和休息时，不得将吊物、吊笼、吊具和吊索吊在空中。 ⑬ 在起重机械工作时，不得对起重机械进行检查和维修；在有载荷的情况下，不得调整起升变幅机构的制动器。 ⑭ 下方吊物时，严禁自由下落（溜）；不得利用极限位置限制器停车。 ⑮ 在管道附近的操作时货物在移动过程中，其任何部分和管道的边缘距离不得小于2m。 ⑯ 用定型起重吊装机械（例如履带吊车、轮胎吊车、桥式吊车等）进行吊装作业时，除遵守本标准外，还应遵守该定型起重机械的操作规范
4. 作业完毕操作人员应做的工作	① 将起重臂和吊钩收放到规定的位置，所有控制手柄均应放到零位，使用电气控制的起重机械，应断开电源开关。 ② 对在轨道上作业的起重机，应将起重机停放在指定位置有效锚定。 ③ 吊索、吊具应收回放到规定的地方，并对其进行检查、维护、保养。 ④ 对接替工作人员，应告知设备存在的异常情况及尚未消除的故障

8. 盲板抽堵作业精细化管理

（1）盲板抽堵作业的危险辨识。盲板抽堵作业风险分析见表4-11。

表4-11 盲板抽堵作业风险分析

序号	风险分析	安全措施	确认人
1	盲板有缺陷	盲板材质要适宜，厚度应经强度核算，高压盲板应经探伤合格，盲板应有一个或两个手柄，便于辨识、抽堵，应选用与之相配的垫片	
2	危险有害物质（能量）突出	在拆装盲板前，应将管道压力泄至常压或微正压	
		严禁在同一管道上同时进行两处及两处以上抽堵盲板作业	
		气体温度应小于60℃	
		作业人员严禁正对危险有害物质（能量）可能突出的方向，做好个人防护	

续表

序号	风险分析	安全措施	确认人
3	明火及其他火源	在易燃易爆场所作业时，作业地点30m内不得有动火作业，工作照明使用防爆灯具，使用防爆工具，禁止用铁器敲打管线、法兰等	
4	操作失误	抽堵多个盲板时，应按盲板位置图及盲板编号，由作业负责人统一指挥	
		每个抽堵盲板处应设标牌，表明盲板位置	
5	通风不良	将门窗开开，加强自然通风；采用局部强制通风	
6	监护不当	作业时应有专人监护，作业结束前监护人不得离开	
		监护人应熟悉现场环境和确认安全措施到位，具备相关安全知识和应急技能，与岗位保持联系，随时掌握工况变化	
7	应急不足	作业复杂、危险性大的场所，除监护人外，做好应急准备	
8	涉及危险作业组合，未落实相应安全措施	若涉及动火、受限空间、高处作业等危险作业时，应同时办理相关安全作业证	
9	作业条件发生重大变化	若作业条件发生重大变化，应重新办理《抽堵盲板作业证》	

（2）抽堵盲板作业。图4-16为抽堵盲板位置图示。

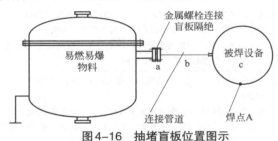

图4-16 抽堵盲板位置图示

（3）抽堵盲板作业安全管理要点

① 作业人员和审批人员的安全职责，见图4-17。

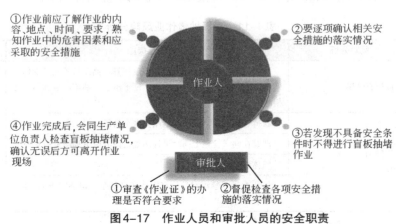

图4-17 作业人员和审批人员的安全职责

② 抽堵盲板作业的安全要点，见表4-12。

表4-12 抽堵盲板作业的安全要点

抽堵盲板作业的安全管理要点
① 在盲板抽堵作业点流程的上下游应有阀门等有效隔断；盲板应加在有物料来源阀门的另一侧，盲板两侧都要安装合格垫片，所有螺栓必须紧固到位。
② 在有毒介质的管道、设备上进行盲板抽堵作业，应尽可能降低系统压力，作业点应为常压。通风不良作业场所要采取强制通风等措施，防止可燃气体积聚。
③ 作业人员个人防护用品应符合GB/T 11651的要求。在易燃易爆场所进行盲板抽堵作业时，应穿防静电工作服、工作鞋；在介质温度较高或较低的情况下作业时，应采取防烫或防冻措施。
④ 作业人员在介质为有毒有害（硫化氢、氨、苯等高毒及含氰剧毒品等）、强腐蚀性的情况下作业时，禁止带压操作，且必须佩戴便携式气体检测仪，佩戴空气呼吸器等个人防护用品。作业现场应备用一套以上符合要求且性能完好的空气呼吸器等防护用品。
⑤ 在易燃易爆场所进行盲板抽堵作业时，必须使用防爆灯具与防爆工具，禁止使用黑色金属工具与非防爆灯具；有可燃气体挥发时，应采取水雾喷淋等措施，消除静电，降低可燃气体危害。
⑥ 作业人员应在上风向作业，不得正对法兰缝隙；在拆除螺栓时，应按对称、夹花拆除，拆除最后两条对称螺栓前应再次确认管道设备内无压力。如果需拆卸法兰的管道距支架较远，应加临时支架或吊架，防止拆开法兰螺栓后管线下垂。
⑦ 距作业点30m内不得有用火、采样、放空、排放等其他作业。
⑧ 同一管道一次只允许进行一点的盲板抽堵作业。
⑨ 每块盲板必须按盲板图编号并挂牌标识，并与盲板图编号一致。
⑩ 对审批手续不全、交底不清、安全措施不落实、监护人不在现场、作业环境不符合安全要求的，作业人员有权拒绝作业

第二节 规范现场安全管理精细化

一、班组现场管理的含义及要素

1. 什么是班组现场管理

班组现场管理就是指用科学的管理制度、标准和方法对生产现场各生产要素，包括人（工人和管理人员）、机（设备、工具、工位器具）、料（原材料）、法（加工、检测方法）、环（环境）、信（信息）等进行合理有效的计划、组织、协调、控制和检测，使其处于良好的结合状态，达到优质、高效、低耗、均衡、安全、文明生产的目的。

2. 优秀班组生产现场管理的标准

①定员合理，技能匹配；②材料工具，放置有序；③场地规划，标注清晰；④工作流程，有条不紊；⑤规章制度，落实严格；⑥现场环境，卫生清洁；⑦设备完好，运转正常；⑧安全有序，物流顺畅；⑨定量保质，调控均衡；⑩登记统计，应记无漏。

3. 班组现场管理六要素（5M1E分析法）

现场管理的六个要素，即人、机、料、法、环、测（也称为5M1E分析法）。

（1）人（Man）：操作者对质量的认识、技术、身体状况等。

（2）机器（Machine）：设备、测量仪器的精度和维护保养状况等。

（3）材料（Material）：材料能否达到要求的性能等。

（4）方法（Method）：生产工艺、设备选择、操作规程等。

（5）测量（Measurement）：测量时采取的方法是否标准、正确。

（6）环境（Environment）：工作现场的技术要求和清洁条件等。

由于这六个要素的英文名称的第一个字母是M和E，简称为5M1E，具体内容见图4-18。

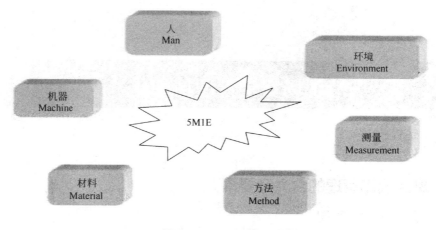

图4-18　5M1E管理示意图

二、积极推行5S现场管理

1. 什么是5S现场管理

"5S"活动起源于日本,主要内容包括:整理(Seiri)、整顿(Seiton)、清扫(Seiso)、清洁(Seiketsu)和素养(Shitsuke)。因为这5个词日语中罗马拼音的第一个字母都是"S",所以简称为"5S"。5S现场管理示意见图4-19。

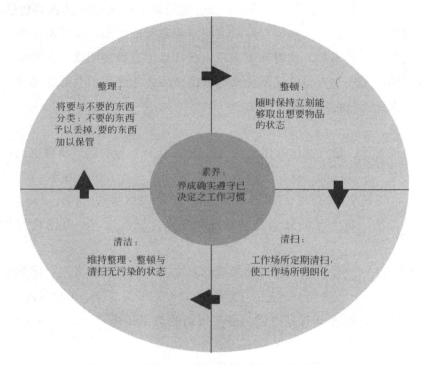

图4-19 "5S"现场管理示意图

2."5S"现场管理的基本内容

(1)整理(Seiri):区分要用和不要用的东西,把不要用的东西清理掉。

(2)整顿(Seiton):要用的东西依规定定位、定量地摆放整齐,明确标示。

(3)清扫(Seiso):清除场所内的脏污,并防止污染的发生;

(4)清洁(Seiketsu):将前面3S实施的做法制度化、规范化,贯彻执行并维持成果。

(5)素养(Shitsuke):人人依规定行事,养成好习惯。

3. "5S"现场管理的方法要求

（1）整理

①所在的工作场所（范围）全面检查；②制定"需要"和"不需要"的判别基准；③清除不需要物品；④调查需要物品的使用频度，决定日常用量；⑤制定废弃物处理方法；⑥每日自我检查。

（2）整顿。要落实前一步骤整理工作；布置流程，确定置放场所；规定放置方法；画线定位；标识场所物品（目视管理的重点）。整顿重点内容包括：

①整顿要形成任何人都能立即取出所需要东西的状态；②要站在新人、其他职场的人的立场来看，使得什么东西该在什么地方更为明确；③对于放置处与被放置物，都要想方设法使其能立即取出使用；④使用后要能容易恢复到原位，没有恢复或误放时能马上知道。

（3）清扫

①清扫要领：建立清扫责任区（室内外）；执行例行扫除，清理脏污；执行例行污染源，予以杜绝；建立清扫基准，作为规范。②清扫的内容：例行扫除，清理脏污；资料文件的清扫；机器设备的清扫；公共区域的清扫。

（4）清洁。将上面的3S实施的做法制度化、规范化，并贯彻执行及维持结果。

①落实前3S工作；②制定目视管理的基准；③制定稽核方法；④制定奖罚制度，加强执行；⑤维持5S意识；⑥高阶主管经常带头巡查，带动重视。

（5）素养。培养具有好习惯、遵守规则的员工；提高员工文明礼貌水准；营造团队精神。

①持续推动前4S至习惯化；②制定共同遵守的有关规则、规定；③制定礼仪守则；④教育训练（新进人员加强）；⑤推动各种精神提升活动（早会、礼貌运动等）。

4. "5S"现场管理法的推行步骤

（1）作业标准化

① 作业标准化的定义。所谓作业标准化，就是对在作业系统调查分析的基础上，将现行作业方法的每一操作程序和每一动作进行分解，以科学技术、规章制度和实践经验为依据，以安全、质量效益为目标，对作业过程进行改善，从而形成一种优化作业程序，逐步达到安全、准确、高效、省力的作业效果。

②作业标准化的作用。

a. 标准化作业把复杂的管理和程序化的作业有机地融合为一体，使管理有章法，工作有程序，动作有标准。

b. 推广标准化作业，可优化现行作业方法，改变不良作业习惯，使每一个工人都按照安全、省力、统一的作业方法工作。

③标准化作业能将安全规章制度具体化。

④标准化作业还有助于企业管理水平的提高，从而提高企业经济效益。

（2）作业标准的制定要求

①目标指向：遵循标准总是能保持生产出相同品质的产品。因此，与目标无关的词语、内容请勿出现。②显示原因和结果：比如"焊接厚度应是3μm"这是一个结果，应该描述为："焊接工用3.0A电流20min来获得3.0μm的厚度"。③准确：要避免抽象，如"上紧螺丝时要小心"。什么是"要小心"？这样模糊的词语是不宜出现的。④数量化-具体：每个读标准的人必须能以相同的方式解释标准。为了达到这一点，标准中应该多使用图和数字。⑤现实：标准必须是现实的，即可操作的。⑥修订：及时更新与修订标准。

（3）作业标准化应注意的问题

①制定标准要科学合理；②切记不要搞形式主义；③不要一刀切，该制定的制定；④注意坚持经常。

三、进行目视管理

1. 目视管理的含义

目视管理是利用形象直观而又色彩适宜的各种视觉感知信息来组织现场生产活动，达到提高劳动生产率的一种管理手段，也是一种利用视觉来进行管理的科学方法。所以目视管理是一种以公开化和视觉显示为特征的管理方式。

2. 目视管理的内容

目视管理的内容有：红牌、看板、信号灯或者异常信号灯、操作流程图、提醒板、警示牌、区域线、警示线、告示板、生产管理板，等等。

3. 目视管理的作用

①迅速快捷地传递信息；②形象直观地将潜在问题和浪费现象显现出来，有利于提高工作效率；③客观、公正、透明化；④促进企业文化的建立和形成；

⑤透明度高，便于现场人员互相监督，发挥激励作用；⑥有利于产生良好的生理和心理效应。

4. 推行目视管理的基本要求

①统一：目视管理要实行标准化；②简约：各种视觉显示信号应易懂，一目了然；③鲜明：各种视觉显示信号要清晰，位置适宜，现场人员都能看得见、看得清；④实用：不摆花架子，少花钱、讲实效；⑤严格：现场所有人员都必须严格遵守和执行有关规定，有错必纠，赏罚分明。

四、生产现场的质量控制

生产现场管理是质量管理的核心，也是质量管理的基础环节，做好生产现场的质量控制是每个生产型企业的重要工作。

当今最流行也是最有效的是全面质量管理，这是一项非常繁杂的工作，今天我们主要是简要地讲一下。

1. 在全面质量管理中使用PDCA循环法

P（Plan）——计划阶段；D（Do）——执行阶段；C（Check）——检查阶段；A（Action）——处理阶段。PDCA循环法的分析步骤和主要内容见表4-13。

表4-13 PDCA循环法的分析步骤和主要内容

阶段	分析步骤	主要内容
P	①分析现状，找出问题	调查表、分层法、排列图
	②找出产生问题的原因或影响因素	因果图
	③找出原因中的主要因素	排列图、相关图等
	④针对主要问题，制订解决问题的方案	预期达到的目的（What） 在哪里执行措施（Where） 由谁来执行（Who） 何时开始和完成（When） 如何完成（How）
D	⑤按制订的计划认真执行	
C	⑥检查措施执行的效果	直方图、控制图
A	⑦巩固提高，总结成功经验	利用成功经验修改或制定相应未来工作的标准
	⑧把未解决或新出现的问题转入下一循环	为下一循环提供质量问题

2. 因果图的使用方法

因果图又叫鱼刺图,用来罗列问题的原因,并将众多的原因分类、分层的图形。

因果图的使用步骤。步骤一:特性为"生产效率低落";步骤二:找出大方向原因,从5M1E方向着手;步骤三:找出形成大原因之小原因;步骤四:找出主要原因,并把它圈起来;步骤五:主要原因再分析;步骤六:依据提出之原因拟订改善计划,逐项进行,直至取得成果。鱼刺图分析见图4-20实例。

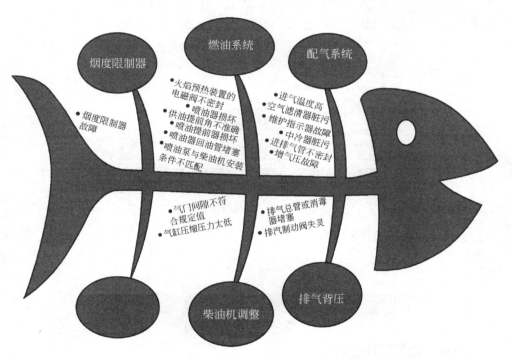

图4-20 柴油机冒黑烟故障鱼刺图分析

五、生产现场组织结构的设计原则及职能

1. 生产现场的组织结构分类

生产现场组织,是公司的最基层组织,其组织结构一般有三种,即直线式、直线职能式和职能式。

(1)直线式(见图4-21)。

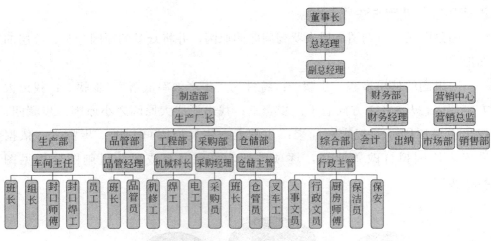

图4-21 直线式的组织结构形式

（2）直线职能式（见图4-22）。

图4-22 直线职能式结构

（3）职能式（见图4-23）。

图4-23 职能式结构

2. 生产现场组织设计的原则

①统一指挥原则。②权责对等原则。③集权与分权适度原则。④因事设职与因人设职相结合的原则。

3. 生产现场组织的职能及设计要求

生产现场组织的职能一般是根据其具体的工作任务来制定，可参考岗位职责说明书来制定。

生产现场组织结构设计的要求是：简单、责清、便于指挥。下属单元一般在8~15人或（班组）之间，原则上不设副职。

六、生产现场员工的管理

1. 优秀的生产车间管理者的标准

①积极推行企业文化；②制定和实施合理的管理制度；③倡导者与实施安全生产；④避免各种不必要的浪费；⑤向上管理和向下负责；⑥善于做好生产现场管理；⑦使用现代管理工具的多面手。

2. 生产现场员工管理的内容

①严格执行安全管理制度；②提高员工安全生产技能；③关心员工的生产和生活；④积极处理生产中遇到的各类安全问题；⑤上下安全信息及时传递；⑥修正安全管理制度；⑦设计科学安全操作流程；⑧提高安全工作效率；⑨确定产品安全质量；⑩实施员工安全绩效考核。

第五章 班组现场精细化安全管理

班组的现场安全管理水平是企业的形象、管理水平和精神面貌的综合反映，是衡量企业素质及管理水平高低的重要标志。搞好班组生产现场安全管理，有利于企业增强竞争力，改善生产现场，消除"跑、冒、滴、漏"和"脏、乱、差"状况，提高产品质量，保证安全生产，提高员工素质，对提高企业管理水平、提高经济效益、增强企业竞争力具有十分重要的意义。

1. 树立正确科学安全管理观
2. 建立"全员、全过程、全方位"安全管理网络
3. 抓好班组基础和现场安全管理
4. 辨识控制危险源，消除习惯性违章

第一节 走动式管理

一、走动式管理的概念

走动式管理（Management By Wandering Around，MBWA）是指高阶主管利用时间经常抽空前往各个办公室走动，以获得更丰富、更直接的员工工作问题，并及时了解所属员工工作困境的一种策略。这是世界上流行的一种新型管理方式，它主要是指企业主管身先士卒，深入基层，体察民意，了解真情，与部属打成一片，共创业绩。

走动式管理不是到各个部门走走而已，而是要搜集最直接的讯息，以弥补正式沟通管道的不足。正式的沟通管道透过行政体系逐级上传或下达，容易生成过滤作用（Filtering）以及缺乏完整讯息的缺点。过滤作用经常发生在超过三个层级以上的正式沟通管道中，不论是由上而下或由下而上的讯息传达，在经过层层转达之后，不是原意尽失，就是上情没有下达或下情没有上达；另外，透过正式沟通管道搜集到的讯息，缺乏实际情境的辅助，不易让主管做出正确的判断，往往会因此失去解决问题的先机。走动式管理就是要上层主管勤于搜集最新讯息，并配合情境做最佳的判断，以便及早发现问题并解决问题。走动式管理见图5-1。

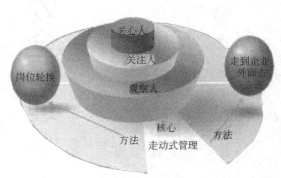

图5-1 走动式管理示意

敏锐的观察力是走动式管理成功的要素。在走动的过程中，主管必须敏锐地观察到工作的情境与人员，及其所透露出的讯息；同时也通过询问、回答、肢体语言等，对讯息做出及时的回应。主管的态度也很重要，如果让员工或同仁有被视察的感觉，主管就很难获得想要获得的讯息；如果来去匆匆，也难达到预期的效果。同时，主管也不必期望每次都能获得新的讯息，只要有机会获得最新讯息，就有机会防患于未然，不必等到事发之后再焦头烂额地处理。

走动式管理最适于离第一线比较远的高阶主管，组织比较庞大的单位由于层级较多，高阶主管更需勤于走动，协助其做政策性的决定。至于其他层级的主管离工作现场比较近，平时就应该透过敏锐的观察，搜集必要的讯息。走动式管理是一种方法或技术，不是一种理论，强调高阶主管应及时搜集第一手的讯息，至于其他经营管理事项，则仍应采取其他适当的方法或技术。

二、走动式管理的特点

1. 主管动部属也跟着动

企业没有不犯错误的员工。这个时候，作为主管就有责任和义务尽可能让下属少犯错和不犯错。经常性地查核下属工作，不但可以了解工作进度，还可以发现问题，更重要的是防范问题的发生。销售主管在做走动管理时，不光做到看和访，查核的动作务必跟得上。下属不会给想要的，只会要查核的。倘若主管在走出办公室之前，告诉下属今天要去查核他的某项工作。下属一定会在主管到达之前把这项工作做得稳妥。所以，主管的查核工作必须是随机性、多样性和突发性的。积极的查核会让员工更有紧迫感，从而进一步规范自己的行为，这样一来，员工不但能做好工作，还可以使工作好做。日本经济团体联合会名誉会长士光敏夫采用"身先士卒"的做法，一举成为日本享有盛名的企业家。在他接管日本东芝电器公司前，东芝已不再享有"电器业摇篮"的美称，生产每况愈下。士光敏夫上任后，每天巡视工厂，遍访了东芝设在日本的工厂和企业，与员工一起吃饭，闲话家常。清晨，他总比别人早到半个钟头，站在厂门口，向工人问好，率先示范。员工受此气氛的感染，促进了相互间的沟通，士气大振。不久，东芝的生产恢复正常，并有很大发展。

2. 投资小，收益大

走动式管理并不需要太多的资金和技术，就可能提高企业的生产力。

3. 看得见的管理

就是说最高主管能够到达生产第一线，与工人见面、交谈，希望员工能够对他提意见，能够认识他，甚至与他争辩是非。

4. 现场管理

日本为何有世界上第一流的生产力呢？有人认为是建立在追根究底的现场管理上。主管每天马不停蹄地到现场走动，部属也只好舍命陪君子了。

5. "得人心者昌"

优秀的企业领导要常到职位比他低的基层员工中去体察民意、了解实情，多听一些"不对",而不是只听"好"的。不仅要关心员工的工作,叫得出他们的名字,而且要关心他们的衣食住行。这样,员工会觉得主管重视他们,工作自然十分卖力。一个企业有了员工的支持和努力,自然就会昌盛。

三、走动式管理的艺术特点

走动式管理的艺术特点见表5-1。

表5-1　走动式管理的艺术特点论述

项目	特点论述
1. 走动式管理是一种情感管理	在走动中了解员工,贴近员工,掌握员工的思想动态,沟通管理者与员工的感情,缩短与员工的距离,建立管理者与员工的互动关系,凝聚员工队伍,及时沟通员工对企业价值观和经营理念的认同,员工爱厂如家,形成一股内聚力
2. 走动式管理是一种现场管理	深入实际,管理者就能第一时间掌握第一手资料,好的经验便于推广,存在的问题又能消灭于萌芽状态,管理者更能提高管理决策的科学性和正确性
3. 走动式管理是一种领导艺术	时下越来越多的企业都在效仿"走动式管理",这种特殊的内涵丰富的管理方式,更希望越来越多的管理者去深入学习和借鉴。因为走进生产经营一线,就是走到员工的心坎中,把措施指导于现场之中,感情沟通于关怀的点滴中。我们有理由相信:这种良好的互动,必将给我们企业带来生机和活力

第二节　现场定置管理

一、定置管理理论

定置管理是对生产现场中的人、物、场所三者之间的关系进行科学的分析研究,使之达到最佳结合状态的一种科学管理方法。定置管理最终要实现人、物、场所的有效结合,以高效地完成预定的任务,主要包括人与物的结合状态、物与场所的关系、信息媒介与定置的关系。

定置管理的基本方法包括:①三定原则,即定名、定点、定量;②三要素,即(放置的)场所、方法、标识。

标识的方法有:轮廓线、标签、阴影、色标等。

定置管理不仅适合现场的物品，还包括人、机、料、法、环各个方面。如操作员的衣着、厂牌，清洁工具的定置等。

二、现场区域定置

① 对生产现场、通道、物品区合理划分，设置标识牌和标志线。
② 对易燃、易爆、有污染的物品由专人管理，按规定特别标识。
③ 建立车间、班组卫生责任区域的定置管理，并设置责任标识牌。
如，某办公楼区域定置的布置示意见图5-2。

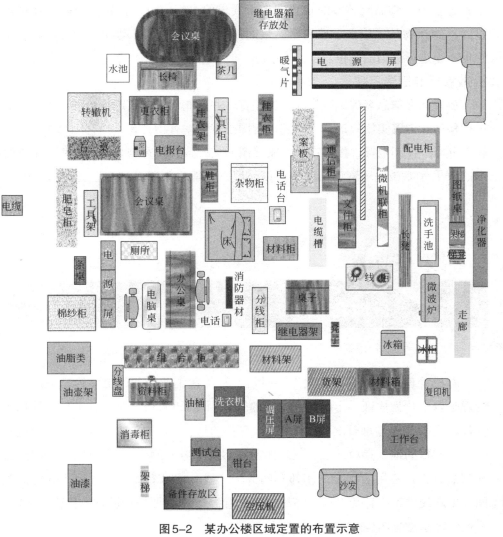

图5-2　某办公楼区域定置的布置示意

三、定置管理的实施

1. 清除与生产活动无关的物品

在企业生产活动中，凡是与企业生产活动无关的物件都应该将其清理干净，清除与生产活动无关的物品应该本着双增双节的精神，将能够加以利用的物件加以利用，而那些实在不能加以利用的物件，尽可能地将其转化为一些实质性的价值，如资金等。

2. 按照设定的定置图进行定置

在生产现场各个车间、部门都应该按照定置图的要求对生产过程中生产现场以及生产器具等物品进行合理的分类、搬迁、调整实施定位在合理的位置上。定置过程中，物品应该按照定置图中所要求的进行定位，位置要正确，摆放需整齐，储存物品须放在合理的器具里面，对于车间的可移动物，如叉车、推车等也应该进行适当的定位。

3. 放置标准信息名牌

放置标准信息名牌须牌、物、图相符，并对此设置专人进行管理，不得随意进行移动。定置实施应该全力做到：有图必有物，有物必有区，有区必挂牌，有牌必分类；按图定置，按类存放，账（图）物一致。只有全力做好这些，定置管理的效果才能在现场管理活动中得以显现，才能真正感受到定置管理的作用。

第三节 看板管理

看板管理亦称"看板方式""视板管理"。在工业企业的工序管理中，看板管理是以卡片为凭证，定时定点交货的管理制度。"看板"是一种类似通知单的卡片，主要传递零部件名称、生产量、生产时间、生产方法、运送量、运送时间、运送目的地、存放地点、运送工具和容器等方面的信息、指令。一般分为：在制品看板，它用于固定的相邻车间或生产线；信号看板，主要用于固定的车间或生产线内部；订货看板（亦称"外协看板"），主要用于固定的协作厂之间。看板管理示意见图5-3。

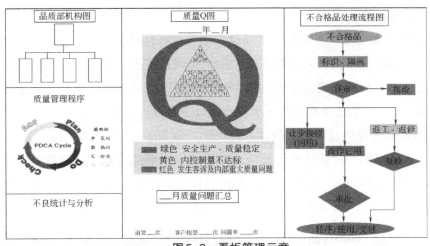

图 5-3 看板管理示意

一、看板管理系统

1. MES看板管理

随着经济发展、技术进步，汽车模具产品向着个性化、多样化方向发展，导致车间作业管理复杂多变。目前我国汽车模具制造企业中，车间管理层面存在诸多问题，急需一种先进的管理理念和高效的系统对其进行优化管理。制造执行系统（MES）是面向车间层的实时信息系统，是连接企业计划管理层与生产控制层之间的桥梁，强调整个生产过程的优化。电子看板管理作为MES的核心模块，能够提高车间生产过程控制能力，对MES的构建以及整个车间作业流程的优化均具有很大的作用。MES看板管理系统见图5-4。

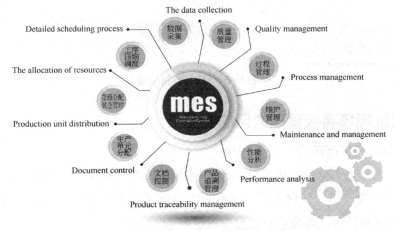

图 5-4 MES看板管理系统

2. MDC看板管理

MDC设备运行状态报告,可以显示出当前每台设备的运行状态,包括是否空闲、空闲时间多少、是否加工中、加工时间是多少、状态设置如何、正在运行中或是出了故障?设备综合利用率OEE报表,能够准确清楚地分析出设备效率如何,在生产的哪个环节有多少损失,以及可以进行哪些改善工作。

MDC系统提供直观、阵列式、色块化的设备实时状态跟踪看板,将生产现场的设备状况第一时间传达给相应的使用者。企业通过对工厂设备实时状态的了解,可以实现即时、高效、准确的精细化和可视化管理。MDC看板管理系统见图5-5。

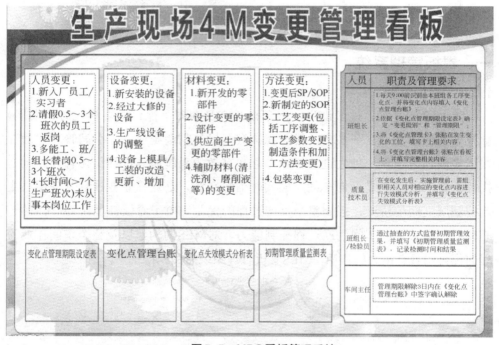

图5-5　MDS看板管理系统

二、实施现场看板管理的目的和意义

1. 传递现场的生产信息,统一思想

生产现场人员众多,由于分工的不同导致信息传递不及时的现象时有发生。而实施看板管理后,任何人都可从看板中及时了解现场的生产信息,并从中掌握自己的作业任务,避免信息传递中的遗漏。

此外，针对生产过程中出现的问题，生产人员可提出自己的意见或建议，这些意见和建议大多可通过看板来展示，供大家讨论，以便统一员工的思想，使大家朝着共同的目标努力。

2. 杜绝现场管理中的漏洞

通过看板管理，生产现场管理人员可以直接掌握生产进度、质量等现状，为其进行管控决策提供直接依据。

3. 绩效考核的公平化、透明化

通过看板管理，生产现场的工作业绩一目了然，使得对生产的绩效考核公开化、透明化，同时也起到了激励先进、督促后进的作用。

4. 保证生产现场作业秩序，提升公司形象

现场看板既可提示作业人员根据看板信息进行作业，对现场物料、产品进行科学、合理的处理，也可使生产现场作业有条不紊地进行，给参观公司现场的客户留下良好的印象，提升公司的形象。

三、看板类型

1. 三角形看板

三角形看板主要为"6S"现场管理服务。看板内容主要标示各种物品的名称，如成品区、半成品区、原材料区等，将看板统一放置在现场划分好的区域内的固定位置。

2. 设备看板

设备看板可粘贴于设备上，也可在不影响人流、物流及作业的情况下放置于设备周边合适的位置。设备看板的内容包括设备的基本情况、点检情况、点检部位示意图、主要故障处理程序、管理职责等内容。

3. 品质看板

品质看板的主要内容有生产现场每日、每周、每月的品质状况分析、品质趋势图、品质事故的件数及说明、员工的技能状况、部门方针等。

4. 生产管理看板

生产管理看板的内容包括作业计划、计划的完成率、生产作业进度、设备运行与维护状况、车间的组织结构等内容。

5. 工序管理看板

工序管理看板主要指车间内在工序之间使用的看板，如取料看板、下料看

板、发货看板等。

① 取料看板，主要位于车间的各工序之间，其内容主要包括工序序号、工序名称、工序操作者、下料时间、数量、完工时间、首检等。

② 下料看板，主要内容包括零件名称、零件型号、投料数量、材料名称、规格、数量等。

③ 发货状况管理看板，主要位于生产车间，其内容主要包括工序序号、小组名称、产品完成日期、发货日期、收货客户等。

6. 在制品看板

在制品看板包括：①工序内看板；②信号看板（记载后续工序必须生产和订购的零件、组件的种类和数量）；③领取看板包括：a. 工序间看板，b. 对外订货看板（记载后续工序应该向之前工序领取的零件、组件种类和数量）。

四、看板管理的工作指令

生产及运送工作指令是看板最基本的机能。公司总部的生产管理部根据市场预测及订货而制定的生产指令只下达到总装配线，各道工序前的生产都根据看板来进行。看板中记载着生产和运送的数量、时间、目的地、放置场所、搬运工具等信息，从装配工序逐次向前工序追溯。

在装配线将所使用的零部件上所带的看板取下，以此再去前一道工序领取。前工序则只生产被这些看板所领走的量，"后工序领取"及"适时适量生产"就是通过这些看板来实现的。

（1）防止过量生产。看板必须按照既定的运用规则来使用。其中的规则之一是："没有看板不能生产，也不能运送。"根据这一规则，各工序如果没有看板，就既不进行生产，也不进行运送。看板数量减少，则生产量也相应减少。由于看板所标示的只是必要的量，因此运用看板能够做到自动防止过量生产、过量运送。

（2）目视化管理。看板的另一条运用规则是"看板必须附在实物上存放""前工序按照看板取下的顺序进行生产"。只要通过看板所标示的信息，就可知道后工序的作业进展情况、本工序的生产能力利用情况、库存情况以及人员的配置情况等。

（3）改善的工具。看板的改善功能主要通过减少看板的数量来实现。看板数量的减少意味着工序间在制品库存量的减少。如果在制品库存量较高，即使设备出现故障、不良产品数目增加,也不会影响到后工序的生产,所以容易掩盖问题。在准时制生产方式(Just in Time,简称JIT)中,通过不断减少数量来减少在制品库存,就使得上述问题不可能被无视。这样通过改善活动不仅解决了问题,还使生产线的"体质"得到了加强。

五、看板管理的使用实务

1.看板的使用方法

看板有若干种类,因而看板的使用方法也不尽相同。如果不周密地制订看板的使用方法,生产就无法正常进行,我们从看板的使用方法上可以进一步领会JIT生产方式的独特性。在使用看板时,每一个传送看板只对应一种零部件,每种零部件总是存放在规定的、相应的容器内。因此,每个传送看板对应的容器也是一定的。

(1)工序内看板的使用方法。工序内看板的使用方法中最重要的一点是看板必须随实物,即与产品一起移动。后工序来领取中间品时摘下挂在产品上的工序内看板,然后挂上领取用的工序间看板。该工序后按照看板被摘下的顺序以及这些看板所标示的数量进行生产,如果摘下的看板数量变为零,则停止生产,这样既不会延误也不会产生过量的存储。

(2)信号看板的使用方法。信号看板挂在成批制作出的产品上面。如果该批产品的数量减少到基准数时就摘下看板,送回到生产工序,然后生产工序按照该看板的指示开始生产。没有摘牌则说明数量足够,不需要再生产。

(3)工序间看板的使用方法。工序间看板挂在从前工序领来的零部件的箱子上,当该零部件被使用后,取下看板,放到设置在作业场地的看板回收箱内。看板回收箱中的工序间看板所表示的意思是"该零件已被使用,请补充"。现场管理人员定时来回收看板,集中起来后再分送到各个相应的前工序,以便领取需要补充的零部件。

(4)外协看板的使用方法。外协看板的摘下和回收与工序间看板基本相同。回收以后按各协作厂家分开,等各协作厂家来送货时由他们带回去,成为该厂下次生产的生产指示。在这种情况下,该批产品的进货至少将会延迟一回以上。因此,需要按照延迟的回数发放相应的看板数量,这样就能够做到按照JIT进行循环。

2.用看板组织生产的过程

JIT是拉动式的生产,通过看板来传递信息,从最后一道工序一步一步往前工序拉动。生产过程共有三道工序，从第三道工序的入口存放处向第二道工序的出口存放处传递信息，第二道工序从其入口存放处向第一道工序出口存放处传递信息，而第一道工序则从其入口存放处向原料库领取原料。这样，通过看板就将整个生产过程有机地组织起来。JIT生产方式示意见图5-6。

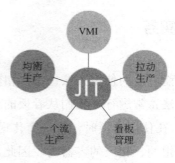

图5-6　JIT生产方式示意

3. 代替看板发出生产请求的其他目视化方法

看板的形式并不局限于记载有各种信息的某种卡片形式，在实际的JIT生产方式中，还有很多种代替看板发出生产请求的目视化方法，如彩色乒乓球、空容器、地面空格标识和信号标志等。

第六章 班组安全精细化管理要求与方法

精细化的班组管理,就要确保每名员工都能熟悉自己的岗位要求,明确岗位职责,掌握岗位标准,使员工上岗前就清楚地知道"干什么、怎么干、干到什么程度",这样就能形成工作有标准,事事有人管的良好局面。在工作中真正做到"点点滴滴求合理,细微之处见管理",就能全面促进安全工作的良好发展。

第一节 了解你的员工

一、用安全责任激励员工

1. 激励的含义

激励是激发和鼓励的意思,是管理过程中不可或缺的环节和活动。有效的激励可以成为组织发展的动力保证,实现组织目标。激励有自己的特性,它以组织成员的需要为基点,以需求理论为指导。激励有物质激励和精神激励、外在激励和内在激励等不同类型。

要想有效激励员工,首先要充分理解激励的含义。很多人认为,所谓激励就是调动员工的积极性。这话没错,但没说透。怎样才能调动员工的积极性呢。

举个大家熟悉的活动项目——拔河。参加拔河的队员没有不卖力的,大家都使出了吃奶的力气。每个部门都派出啦啦队为各自的队员呐喊助威。比赛前,有经验的人还为队员做赛前指导。参加拔河的队员为何如此地卖力呢?是因为高额的奖金,还是有领导的压力?显然都不是。拔河比赛的布置见图6-1。

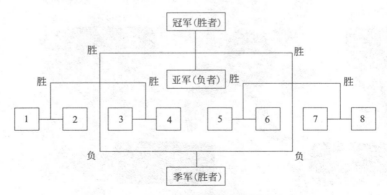

图6-1 拔河比赛布置图

分析如下。

(1)人们喜欢这项活动,有求胜的心理和集体荣誉感,这些是人们的内在需求。

（2）啦啦队有节奏的声嘶力竭的加油声，以及生动夸张的肢体语言，是外在激发。

（3）激励不是单向的，而是双向的互动，拔河队员与啦啦队员之间相互感染，相互作用。

（4）赛前指导，既能提高队员们拔河的技巧，也可增强他们赢得比赛的信心。

（5）拔河活动的组织者了解人们喜欢这项活动，并满足了他们的需求。

现在，把对以上案例的分析转化为激励的定义：了解员工的内在需求，加以激发，引起动机，指导行为，最终实现员工个人与组织共同的目标。激励不是单向的，而是双向的互动。

管理大师德鲁克说过，对人最好的激励，就是给他最需要的。

2. 需求层次理论与双因素理论

（1）马斯洛的需求层次理论。人的需求层次可用金字塔来表示。从塔底到塔顶，人们的需求依次这样排列：生理需求、安全需求、社会需求、尊重需求、自我实现需求。根据马斯洛的理论，当一个层次的需求满足后，另一个层次的需求就变得很重要，就像一个上升的阶梯。需求层次理论的内容见图6-2。

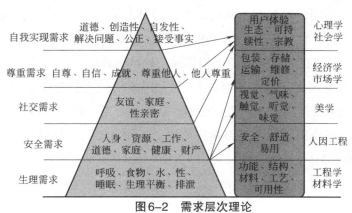

图6-2　需求层次理论

这里讲一个案例。一家公司一位刚来不久的高层管理人员辞职了。辞职的原因竟然是一台电脑，老板谈起这件事很不理解。老板说："办公室人员看他有电脑，就没给他配（他的私人电脑），他也向我提起过电脑的事，我说我家里还有一台笔记本电脑闲置着，拿来给他用，他又说不要。我已经让办公室人员尽快给他买台笔记本电脑，他还是坚决辞职。"我们对此事的理解是：这位高层管理人员因为电脑而辞职只是表象（他可以继续使用他的私人电脑，并不影响他的工作，但影响他的心情），他的真正需求是获得尊重、应有的工作条件、制度化的企业管理。

启示：当一个员工抱怨时，可能意味着他有高一层次的需求，而不是他抱怨的需求没能满足。管理者可能花费很多时间去解决员工说出来的问题，但那都不是真正的问题。

给大家讲个故事。有一个飞行员在退休后，要独自驾驶飞机做一次环球旅行（自我实现需求）。起飞前，有一个人向他推销一种神奇药水，一美元一瓶，可以将海水淡化。飞行员拒绝了他，"我已经准备了足够的饮用水，以我的飞行水平也不可能掉入海里，我不需要你的神奇药水。"（当一个人没有内在需求的时候，你怎么激发他也无效）不幸的是，飞机出了事故，飞行员跳伞落入了大海。他在大海里垂死地挣扎（生理需求和安全需求）。不幸中的万幸，过路的一条小船把他救了起来。他抬头一看，救他的是那个向他推销神奇药水的人。他想要些水喝。卖神奇药水的人说船上没有淡水。"那我给你一美元买你的神奇药水吧。"飞行员说。"现在一瓶药水卖一千美元了。""可以，可以，你要多少钱我都给你。"（生理需求）小船在海上航行了几天，飞行员非常渴望回到岸上（社会需求）。当飞行员踏上陆地的时候，迎接他的是鲜花和拥抱。他又充满激情地说："我还要独自驾驶飞机做环球旅行，实现我一生的梦想。"（自我实现需求）

启示：①不同的时候有不同的需求；②对人最好的激励，就是给他最需要的；③当一个层次的需求满足后，另一个层次的需求就变得很重要。

（2）赫茨伯格的双因素理论。根据赫茨伯格的理论，生理需求、安全需求、社会需求是保健因素（或维持因素）。保健因素的缺失会造成员工不满，但其存在不足以让员工产生更多的工作动力。认真想一下，赫茨伯格的理论有道理，公司给员工配备电脑，他会觉得是应该的，工作需要啊，你要是不配，他就不满意了。见图6-3。

图6-3　赫茨伯格的双因素理论

赫茨伯格认为，尊重需求和自我实现需求才是激励因素。有一项调查表明，员工中有90%以上的人认为自己对公司的运作方式有更好的想法，但只有38%的人认为他们的上司会有兴趣听他们的意见。中国还有句俗话，授之以鱼不如授之以渔。给他鱼吃，吃光了，没了；如果教会他钓鱼的本事，他永远有鱼吃，有多少员工是因为物质因素而闷闷不乐、提不起干劲？又有多少员工是因为物质因素而离开公司的呢。

（3）识别保健因素和激励因素。保健因素和激励因素的具体内容见表6-1。

表6-1 保健因素和激励因素

序号	保健因素	激励因素
1	工资与福利	工作本身
2	工作条件	责任感
3	工作环境	被关心和认可
4	工作安全感	成就感
5	人际关系	个人成长
6	生活保障	晋升

双因素理论给人的启示：管理中不关注保健因素，将会导致员工不满。只关注保健因素，无法使员工充满动力。只有充分重视激励因素，才能有效激励员工。

二、如何有效激励员工

这里将众多的员工激励理论和方法，以及我个人对员工激励的经验和分析，按照顺序归纳为"员工激励的七大法宝"。

1. 一颗爱心

要想有效激励员工，首先管理者应当对下属怀有一颗爱心。这份对员工的爱，就是尊重、关心、从正面看待员工、帮助员工成长。

给大家讲一个古希腊的神话故事。在古希腊，塞浦路斯国王皮格马利翁是一位有名的雕塑家。他用象牙精心雕刻出一尊美丽的少女雕像。在夜以继日的工作中，皮格马利翁将他全部的精力、热情都倾注在这尊雕像上。他深深地爱上了她，并给她取名叫盖拉蒂。他给她穿上美丽的长袍，每天拥抱她，亲吻她，期望他的爱能被她接受，可是她依然是一尊雕像。皮格马利翁再也受不了这种单相思的煎熬了。于是，他带着丰盛的祭品来到神殿，祈求女神赐给他一位如盖拉蒂一样美丽的妻子。皮格马利翁的真诚期望感动了女神，女神决定赋予这尊少女雕像生命。皮格马利翁回到家后，径直走到雕像前，凝视着她。这时，雕像发生了变化。她的脸颊慢慢地呈现血色，她的眼睛开始释放光芒，她的嘴唇缓缓张开，露出了甜美的微笑。盖拉蒂向皮格马利翁走来，她用充满爱意的眼光看着他，浑身散发出温柔的气息。不久，盖拉蒂会说话了。皮格马利翁的少女雕像终于成了他心爱的妻子。

皮格马利翁的故事给了我们启示：对一个人传递积极的期望，就会使他精神振奋，充满活力，进步得更快；反之，向一个人传递消极的期望，则会使他自暴自弃，放弃努力。这就是著名的皮格马利翁效应。这种效应体现的是心理暗示的力量。

2. 两种选择

我们经常对管理者说，对待"不争气"和"失望"的员工，你只有两种选择，要么耐心地帮助他们提高工作技能和意愿，要么就淘汰他们。采取弃之不管、让其自生自灭的方式不是第三种选择，那将影响整个团队的士气和业绩。需要特别注意的是，如果管理者不能提高自身的管理意识、风格和技能（计划、组织、人员配置、培训、指导和控制），即使调换了员工，员工工作技能差或工作意愿不高的问题还将出现。

3. 三个需求

三个需求是指了解需求、激发需求、满足需求。我们认为，员工的需求有外显需求和隐藏需求。管理者要善于了解员工的外显需求，激发他们的隐藏需求，并予以满足。作为一个班组的管理者，你了解你的员工的外显需求吗？让我们以鱼作比，来分析员工的不同需求。

（1）第一种：水沟里的鱼。水沟面积小，水也浅，储水非常有限。除了自然下雨和人工供水外，没有其他供水渠道。因此沟里的水很容易干涸，另外水质也不好。在这种生存环境下的鱼，最迫切需要的是水。没有水，鱼就会死亡。只有在满足鱼的最基本需求情况下，其他的才有意义。

工厂里的一线工人中的很多人是属于这种类型的。他们的文化程度不高，没有多少本领，也没有很高的追求，家庭经济困难。因此，他们可以做最累、最脏、最不体面的工作，只要有一份不错的收入就行。对于这部分员工，金钱和物质是最需要的。如果不能满足他们最基本的物质需求，给予再多的精神激励也起不到任何作用。

（2）第二种：水塘里的鱼。水塘比水沟的容量大多了，具有一定的储水能力。但是，水塘里的水是静止的，塘里淤泥多，塘水浑浊，甚至腐臭，水质较差。这种生存环境下的鱼，水对它们来说不再是最需要的了，它们最需要的是良好的生存环境。

在员工的基本物质生活得到满足之后，良好的工作环境对于他们变得更加重要了。他们希望受到别人的尊重、关怀和帮助。因此，对这类员工不仅要给予物质激励，还需要给予相当的精神激励。

（3）第三种：小河里的鱼。河水是流动的，朝着既定的目标，一直流向广阔的大海。这种生存环境下的鱼，有的徘徊于原来的水域，有的跃跃欲试顺流游向大海。对于河里的鱼，它们最需要的是目标、动力与游向大海的能力。

这一类型的员工，已经不再为衣食担忧，他们具有一定的工作经验和技能。在他们中间，有些人安于现状，缺乏进步的意愿；有些人很想发展，但又苦于得不到指导。对于前者，最需要的是目标和动力；对于后者，最需要的是指导，物质激励可以次之。

（4）第四种：大海里的鱼。海阔凭鱼跃，天高任鸟飞。大海具有无限的空间，并且物质条件丰富。但是，由于海里的鱼类和生物很多，鱼的生命很容易受到威胁。这种生存环境下的鱼，它们最需要的是锻炼自我生存的能力。

在很多企业都有这样一种现象，对于一个需要养家糊口的工人，一份不错的收入是他最迫切的需求（外显需求），但是他的工作表现并没有因此越来越好。问题出在：①你不教会他挣钱的本事，他也挣不到不错的收入；②你不告诉他哪些是应该做的，哪些是不应该做的，他就会习惯性地犯错误；③如果你不说明他的工作对公司事业和社会的意义，他就不会为其工作而自豪；④你老是骂他笨，要不他被骂傻了，要不就干脆装傻；⑤如果你没发现他的潜力，并鼓励他成长，他就没有努力的意愿。实际上，这类员工隐藏着想学会挣钱本事的需求、受教育的需求、成长的需求、渴望受到尊重和关怀的需求。管理者应善于激发员工的隐藏需求，引导他们从模糊的人变成清醒的人。

对人最好的激励，就是给他最需要的。满足员工的需求，说得容易，关键是要做到。"员工中有90%以上的人认为自己对公司的运作方式有更好的想法"，但是有多少管理者愿意坐下来倾听他们的心声，能够满足他们想说出来的愿望？听取员工意见，是一种集思广益、简单易行的好方法。其一，员工身处操作第一线，在工作中常有一些管理者未曾想到的建设性的意见；其二，由于管理者表现了对员工意见的重视，可以增强员工的参与感，从而增进了集体的向心力，改变原先的涣散状态；其三，下属的参与令其更了解企业发展方向且与管理者具有共同目标，便于日后的监督工作。如果把员工挡在门外，不仅使员工的想法成了白白浪费的资源，更可怕的是将严重伤害他们参与的意愿。如此，何谈调动员工的积极性呢？难怪一些员工说：跟着这样的领导干活没劲！

由于员工的需求没有被及时发现、激发和满足，很多人刚进公司时的那股热情和劲头很快淡化了，日后再来补救非常难。

4. 四个不要

① 不要用同样的方法激励所有的人——要个性化（不同的人需求不同）；

② 不要始终用同样的方法激励同一个人——要多样化（我们的需求在变化）；

③ 不要以为隆重正式的激励最有效——要日常化（我们需要及时表扬）；

④ 不要认为物质激励就是最好的——其实班组员工的精神激励很重要。

5. 五个原则

① 有要求才会做（告诉员工做什么、为什么做、怎样做、做到什么程度最好）；有测评会做得更好（对照标准，给予监控，随时评价）；有奖励才能做得最好（包括物质和精神奖励，更重要的是赞赏和肯定）。

② 员工在工作中的表现，是他们的管理者给予强化的结果（不断的辅导、纠正、激励）。

③ 如果员工的工作表现没有达到期望的目标，则说明管理者的强化没起作用。那么管理者就应继续强化，直到员工的行为表现发生变化为止。

④ 正激励与负激励相结合的原则。所谓正激励就是对员工的符合组织目标的期望行为进行奖励。所谓负激励就是对员工的违背组织目标的非期望行为进行惩罚。此原则不仅作用于当事人，而且会间接地影响周围的人。

⑤ 时效性原则。要把握激励的时机，"雪中送炭"和"雨过送伞"的效果是不一样的。激励越及时，越有利于将员工的激情推向高潮，使其创造力有效地发挥出来。激励的过程见图6-4。

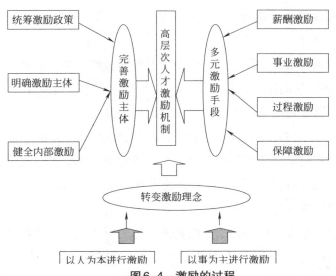

图6-4 激励的过程

6. 六种经典激励方法

(1) 目标激励法

① 目标激励法的定义。通过设立目标,传递动力,激发员工的学习和工作热情,不断挖掘员工的潜力。

② 目标激励法的方法。了解员工的目标(我想做什么);改造员工的目标(我能做什么);协助员工设立目标(我要做到什么);帮助员工实现目标(我做到了)。

③ 注意:不要让员工感到自己是企业实现目标的工具,要让员工明白企业是自己实现人生目标的平台。

(2) 需求满足法。这种方法的理论依据是美国心理学家马斯洛的需求层次理论(前面已分析)。需求满足法的相关内容见图6-5。

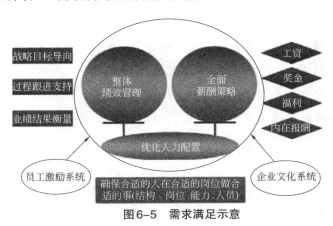

图6-5 需求满足示意

（3）工作激励法。这种方法的理论依据是美国心理学家赫茨伯格的双因素理论（前面已分析）。

（4）行为强化法。这种方法的理论依据是斯金纳的操作条件反射理论。

① 行为强化法的定义。当行为的结果有利于个人并得到正强化时，行为就会重复出现；当行为的结果不利于个人并得到负强化时，行为就会削弱和消退。

② 行为强化法的使用方法。利用表扬和奖励巩固员工的正确行为，让员工继续这样做；利用批评和惩罚打击员工的错误行为，使员工不敢重复类似错误。

③ 注意：正确的批评和惩罚方式是了解事实，分清责任，指出错误所在，提出改正错误的方法，维持员工的自尊。

（5）期望引导法。这种方法的理论依据是美国心理学家弗鲁姆的期望理论。

① 期望引导法的定义。激励力量=效价×期望值。激励力量：激励作用的大小；效价：个人对激励因素的价值判断；期望值：目标实现的可能性。

② 期望引导法的使用方法。针对不同的员工，设计不同的效价；目标设立要合理、具有挑战性；通过辅导增强员工实现目标的信心。

（6）公平激励法。这种方法的理论依据是美国心理学家亚当斯的公平理论。

① 公平激励法的定义。一个人对其所得是否满意，不只看其所得的绝对值，还要看其相对值，即与比较对象的对比情况。

如果某个员工感觉自己和一个比较对象同样的付出，所得比人家少；或者一样的所得，付出的比人家多，就会产生不公平感。

② 公平激励法的使用方法。实行制度化管理，避免人为操作；建立对内公平的各项制度；凡事有依据，实行科学决策；让员工明白他的感觉到底是不是真的。

7. 七种激励形式

（1）荣誉激励：给予荣誉和赞扬，满足员工的自尊需求；

（2）成长激励：给予员工培训、指导、轮岗、晋升的机会，帮助员工成长；

（3）目标激励：为员工设定合适的目标，激发员工积极向上的动机和行为；

（4）榜样激励：要求员工做到的，管理者应当首先做到；

（5）参与激励：让员工参与与自己工作有关的讨论，采取"开门政策"，多听员工的意见；

（6）授权激励：体现信任和对能力的肯定，增强员工的责任感；

（7）危机激励：激发员工的危机感，激起员工背水一战的士气。

三、信任是最大的安全良药

生活中十分重要的两个概念——"合作与信任",合作并不简单的是我和你一起做成一件事,而是两个甚至多人同时放弃一部分安全感,把自己的缺点和短板交给其他人来补足。而信任就是每个人都相信,其他人是不会利用我们主动放弃的这部分安全感,不用担心我们交出的后背换来的是闪光的利刃。

1. 信任是一种基本激励方式

上下级之间的相互理解和信任是一种强大的精神力量,它有助于单位人与人之间的和谐共振,有助于单位团队精神和凝聚力的形成,对员工的信任主要体现在平等待人,尊重下属的劳动、职权和意见上,这种信任体现在"用人不疑,疑人不用"上,表现在放手使用上。授权是充分信任员工的一种好的方法。人人都想实现自我价值,充分授权对员工是信赖和尊重。刘备"三顾茅庐"力请诸葛亮,显出一个"诚"字;唐太宗从谏如流,得益于对魏徵一个"信"字。这都体现了对人才的充分信任。信任可以缩短员工与管理者之间的距离,使员工充分发挥主观能动性,使企业发展获得强大的原动力。

(1) 信任是人生的动力源。人生前行的动力主要缘于精神上的动力,信任之所以能给人精神上强大的动力,主要基于两点:

一是因为人是脸面动物,活在世上就是追求一种尊重与认同。尊重与认同体现的是一种自我价值,没有什么比被人理解、尊重更能调动人的劳动激情,而信任就是一种理解,就是一种尊重和认同。

二是因为人是感恩动物。给人信任就是给人知遇之恩,所以,有时人并不在乎他是什么,而是你把他当作什么。你给他信任,他就会产生一种"决不辜负"的动力,就会努力给你回报。这一点对于尚在争取地位、力图证明自己的青年员工表现得尤为明显。

(2) 信任是自信的催化剂。一个人能否获得成功,从自身的因素来讲,主要取决于意志和能力。前者对于人生尤为重要,因为只要矢志不移,能力就能在这种反复的实践中得到锻炼和加强。而最能体现意志的就是人的自信,有了自信,人才能正确面对失败和坎坷,才能一次次从挫折中积累经验,走向成功。这种自信从哪里来,除了自己在历练中积累之外,更多的是缘于别人的鼓励,尤其是管理者的信任。这是因为一个人对自己的判断,不仅仅是当局者的感觉,更多的是需要旁观者的反馈。

(3) 信任是忠诚的塑造点。判断一个团队的凝聚力和战斗力,成员的忠诚度是一个相当重要的标志。成功的政党、组织、企业、团队都非常重视对成员忠诚度的培育。只有这样，才能保持思想和行动的一致，才能保证最大集团利益的取得。而信任则是这种忠诚度的一个重要塑造点，信任给人的不仅仅是一种态度，更是一种亲和力，甚至是一种俘虏和网罗，古语"士为知己者死"就证明了这一点。

2. 实施信任激励的必要性

（1）符合人本管理的总体要求。人本管理就是要"以人为本"。"以人为本"就是要求尊重人、理解人、维护人，充分发挥各类人才的积极性、主动性和创造性。这一思想，把人提高到了至高无上的位置，它不仅要求在发展上、在利益分配上必须以人为根本，而且要求在发展过程中、在利益形成的过程中也要以人为根本。如果得不到起码的信任，又何谈尊重理解，又何谈维护关心，又何谈"以人为本"，又何谈"和谐"。所以，实施信任激励是落实"以人为本"的需要，是构建和谐社会的需要，符合"以人为本"及和谐社会的总体要求。

（2）符合现阶段的员工诉求。企业生产是高风险行业，这种特性决定了对班组安全工作必须持严格、规范、谨慎的工作态度。再加上这几年企业改革的力度加大，一方面给员工带来了强烈的观念冲击，另一方面更加促使各班组强调风险控制，尤其在班组安全生产与安全管理上措施并举，花费了前所未有的精力，造成了前所未有的压力，从而不可避免地导致员工焦虑、躁动和迷惘心态的产生，不少员工尤其是青年员工已经感觉到了一种信任危机。这种状况下的员工需要理解，需要信任，需要调节心境，需要释放压力。如果得不到信任，甚至被管理者当作盯防对象，那么，工作激情就会冷却，工作精力难以集中，工作动力无法积聚，这种状态难以推动工作开展。

（3）符合青年员工的期盼心理。人追求被信任的欲望非常强烈。昔日伍子胥落难，一船家助他过河，子胥回头说"不足为外人道"，船家觉得伍子胥对他还是不信任，遂拔剑自刎以明心志。这个故事虽然有点悲情，但反映了人们对信任的一种渴求心理。这一点在没有年龄、资历作保障且处在可塑期的青年员工身上表现得更加突出。由于他们的工作经历较短，工作经验尚待积累，人际关系尚待建立，工作地位尚待争取，工作能力尚待确认，所以，他们特别渴望被人信任，被人起用，特别渴望有一个展示、积累和完善自己的舞台。

四、让班组的"闲人""动"起来

班组里总有一些"闲人"，他们平时的表现是：要么工作量不足，无所事事；要么工作被动应付，喜欢闲聊闲逛；要么敷衍塞责，缺乏激情，等等。在安全生产中，这些人整体素质平平，不能胜任本岗位安全工作需要。班组领导要善于激活、用好"闲人"，关键要通过优势互补、扬长避短来实现"1+1＞2"的效果，让班组每位员工的安全生产积极性、创造性都得到充分的激发和发挥。调动班组"闲人"的途径见表6-2。

表6-2 对班组"闲人"进行调动的途径

项目	具体实施办法
在感其"心"上做文章，让"闲人"无闲暇之心	"感人心者，莫先乎情。"对于"闲人"，班组要通过情感交流和心理沟通，做到工作上支持，生活上关心，人格上尊重，心理上满足，多进行正面鼓励，多创造机会，让他们在领导的感化下，同事的感召下，主动由闲变忙
在用其"短"上下功夫，让"闲人"无闲暇之时	"高者未必贤，下者未必愚。"任何一个人，总是优缺点并存的。班组"闲人"也一样，只要用得恰当，一定能发挥其身上的某些长处。国外有句名言：垃圾是放错地方的宝贝。用人者是活的，"闲人"也是活的，用人者对"闲人"注入活力，往往会收到人尽其才的效果
在明其"责"上下功夫，让"闲人"无闲暇之机	在班组安全工作中，在其位要明其责，明其责才能尽其责。要建立用好"闲人"的机制。"闲人"的闲大多与班组领导的安全不当有关。班组领导要根据预期的安全工作目标和面临的安全生产任务，合理安排员工，科学管理，合理分工，每个人的安全职责界限分清楚，安全工作任务分具体。这样班组安全工作可用的人多了，班组领导也不再为班组的"闲人"操心了

五、增强班组内聚力

一个班组的安全生产精细化管理，关键在于增强内聚力，一般来说内聚力主要包括：政治上的向心力、事业上的凝聚力和环境上的吸引力。增强这三个力，关键在于人心。班组内聚力见图6-6。

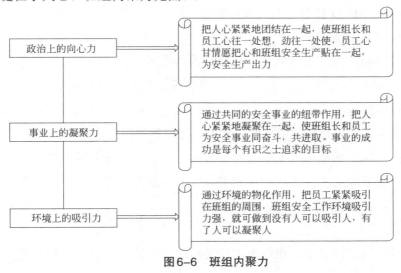

图6-6 班组内聚力

第二节 班组长的安全素质

一、超前的安全意识

"安全第一,预防为主,综合治理"是企业生产长期坚持的安全指导方针。"安全第一"说明了安全工作在生产过程中的重要地位,它是企业生产的头等大事,它与生产相比,无论在什么时候,在什么场合,在什么情况下,都是第一位的;"预防为主"强调了抓安全工作的策略,在安全工作中,要以预防事故为中心,预先发现、鉴别、判断可能导致事故的原因及相应的防范措施,变事后分析为事前预防。为了保障生产过程中的安全,必须把安全管理的重点放在预防上,树立"预防为主"的超前意识,把工伤事故和各种职业危害消灭在萌芽状态。"综合治理"是强化落实企业主体责任,进一步深入开展安全隐患排查治理,进一步加强安全生产监管执法力度。坚决遏制重特大事故,强化安全生产技术保障,应重点抓好"三前"意识。

1. 防在前

安危因素总是共存于一切事物的整个过程之中,要居安思危。在日常工作和生活中,不能习惯于不出事故不知道,出了事故吓一跳;不出事故不关心,出了事故才去找原因。

事实证明,很多事故都是可以避免的,之所以会发生事故,只是因为一些管理人员和操作人员缺乏安全防范意识和超前意识,忽略了平时的安全工作,才未能及时发现和排除隐患,直到隐患扩大、恶化,甚至造成严重的后果。要做到防患于未然,必须具备超前预测和预防事故的能力,并有一个严、细、勤、实的工作作风。还要加大安全监督管理的力度,把各项防范措施落实在事故发生之前,将事故隐患消灭在萌芽状态。只有这样,才能牢牢掌握安全工作的主动权,才能使事故的发生率降到最低点。

2. 想在前

班组的每一位员工,在每天工作之前,首先要想想安全,想到通过什么办法，采取什么措施，运用什么手段，才能保证安全生产，才能保证做到"不伤害自己，不伤害别人，也不被别人伤害"。在安全生产过程中，应该大力提倡"我为人人，人人为我"的思想意识，时时处处以"我"为中心，"我"字当头，从"我"做起，从身边做起，增强自我保护意识，提高自我保护能力。这样，在企业的生产大军中，千千万万个"我"，就是一个偌大的"安全防护林"。安全部门要不断探索和研究，建立和完善一整套行之有效的规章制度和安全责任制度，不断强化和提高全员素质，查找和消除各种不安全因素，尽可能地减少人的不安全行为，不断加大生产现场和工作环境的整治力度，使员工在生产过程中有一个良好的环境，有一种可靠的安全感。要做到这些，每一位员工、每一位管理者和领导者，就必须时时处处"想在前"，就必须有强烈的超前意识。只有这样，才能保证安全工作抓细抓好抓出成效，才能保证安全生产。

3. 做在前

在生产过程中，对于人的不安全行为、机械设备的不安全状态、环境的不安全因素、管理工作中存在的问题和尚未整改的缺陷，等等，管理者要事先鉴别和判断可能导致发生伤害事故的各种因素，特别是重大事故的隐患，要及时采取果断的措施，消除和防止事故的发生。"做在前"，就是要认真分析各种事故的原因，从中找出一些带有规律性的东西，认真总结经验和教训，防止和杜绝类似事故的重演。要对企业安全生产现状，作业现场的基本情况，事故多发区段的防护等，做到了如指掌，心中有数。对企业的发展，要心有所思，脑有所想，并付诸行动，把安全工作当成员工生命、国家财产的大事，思想上和行动上不能有一丝一毫的麻痹和懈怠，切实做到"安全第一，警钟长鸣"。

人为事故发生规律分析见表6-3。

表6-3　人为事故发生规律分析

异常行为系列原因		内在联系	外延现象
产生异常行为内因	一、表态始发致因	1. 生理缺陷	耳聋、眼花、各种疾病、反应迟钝、性格孤僻等
		2. 安全知识、技术（简称安技）	缺乏安全思想和安全知识，技术水平低，无应变能力等
		3. 品德不良	意志衰退、目无法纪、自私自利、道德败坏等
	二、动态续发致因	1. 违背生产规律	有章不循、执章不严、不服管理、冒险蛮干等
		2. 身体疲劳	精神不振、神志恍惚、力不从心、打盹睡觉等
		3. 需求改变	急于求成、图懒省事、心不在焉、侥幸心理等

续表

异常行为系列原因		内在联系	外延现象
产生异常行为外因	三、外侵导发致因	1. 家庭社会影响	情绪反常、思想散乱、烦恼忧虑、苦闷冲动等
		2. 环境影响	高温、严寒、噪声、异光、异物、风雨雪等
		3. 异常突然侵入	心慌意乱、惊惶失措、恐惧失措、恐惧胆怯、措手不及等
	四、管理延发致因	1. 信息不准	指令错误、警报错误
		2. 设备缺陷	技术性能差、超载运行、无安技设备、非标准等
		3. 异常失控	管理混乱、无章可循、违章不纠

二、认真负责的工作态度

在班组现实中，我们可以看到，大多数员工责任意识是强的和比较强的，工作中是认真负责的，工作成效也是显著的。但也有不少员工责任意识淡薄，缺乏应有的责任心和敬业精神，工作得过且过，做一天和尚撞一天钟，个别人员缺乏敬业意识，处处从个人利益出发，计较个人得失，岂不知这样下去，会影响到个人的形象，对所在企业或班组的影响也是极为不利的。因此，强化责任意识，勤勉敬业，是时下对工作人员的紧迫要求，是转变工作作风的当务之急，特别是班组长，必须具有认真负责的工作态度。

从现在做起，从一切能够做的事情做起。目前企业班组长中存在的工作作风问题，不少就是不重视、不抓紧引起的，有的则是班组长自身作风不正引起的。因此，我们倡导认真负责的工作态度是非常有必要和及时的。俗话说"火车跑得快，全凭车头带"。班组长要求别人做到的，自己首先做到；要求下级做到的，自己首先做到。班组长要带头严格遵守工作制度和工作纪律，做到雷厉风行、令行禁止，高效率地做好分内事情。

以认真负责的工作态度干工作，就要恪守干实事、求实效的原则。要把工作有没有新的改进，作为检验公司建设和形象好坏的重要标准。领导人员要率先垂范，身体力行的践行责任意识，实实在在为企业和班组办成事。

培养班组长认真负责的工作态度，一靠教育，二靠制度。教育是基础，制度是保证。教育的作用在于提高工作人员的责任意识和敬业精神，激励大家自觉地坚定地发扬好的工作作风；制度的作用在于建立健全一套管用的制度和机制，推进作风建设制度化、规范化。因此，在加强思想教育的同时，必须要建立一套好的制度和机制。具体来说，就是要建立赏罚分明的激励机制，抓一些工作松懈、作风疲沓和无休止扯皮的典型，该调整的调整、该免职的免职、该换位的换位，谁缺乏责任心、工作不敬业，就要下岗。

认真负责的工作态度，不能只停留在喊喊口号、写写检查材料，做做表面文章上。我们要按加强和改进公司的作风建设的具体要求，严格要求自己，强化责任意识、使命意识，充分认识加强和改进工作作风，认识到作风建设的重要性和紧迫性。在具体工作中严格管理、责任明确、程序规范，认认真真做好每一件事情，踏踏实实落实好每一项工作。

三、丰富的生产实践经验

优秀的班组长不仅有着丰富的生产实践经验，掌握着非常娴熟、高超的生产技术，同时也要有非常出色的日常管理能力。

1. 专业能力

在班组长所负责、管理的团队里，他们对自己的业务（人员、机器、材料、方法、信息）掌握得非常熟练，并且能够指导下属开展工作，向上级主管提供良好的建议帮助他们做出正确判断。这是班组长开展工作所必备的能力，作为企业的基层管理人员，专业方面的能力对于他们来说特别重要。

2. 解决问题的能力

班组长还应该有发现问题和解决问题的能力，一旦发现阻碍达成目标或者业务开展方面的问题，应该能够立即分析，并找到原因。善于多问几个"为什么"，全方位地思考解决问题的对策，最后有效地解决问题。

3. 危机处置能力

一要着眼政治，把握全局。安全生产中危机的出现从来不是孤立的，它与政治、经济有着不可分割的关系。因此，必须着眼于政治把握全局，这样就能登高望远，从小看大。

二是心中有数，快速反应。班组安全生产的危机事件中的一个共同特点就是事发突然，不动则已，动则至急，对展开行动的时效性要求高。尤其是对一些突发事故、灾难事故和卫生事件等，无先兆、不确定、难预料，必须随时准备，以备应变。

三是敢于负责，果断决策。敢于负责是班组长在突发事件面前必备的基础素质，是忠于使命的集中表现，也是处置危机、果断决策的前提条件。

四是拓展知识，科学指挥。现代危机处置的专业化、协同化要求很高，知识的作用越来越突出,指挥协调的任务越来越重。因此要求班组长掌握处置多种危机所需的相关科学知识,注重发挥专业队伍的作用,为危机处置提供科技和知识支撑。

突发危机管理流程见图6-7。

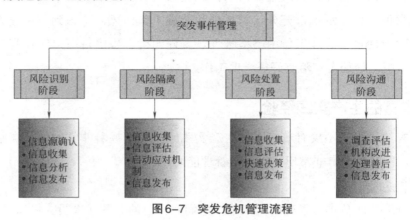

图6-7 突发危机管理流程

四、一定的科学文化知识

1. 理想与追求是成才的动力

崇高的理想和坚定的信念,是战胜艰难险阻,通向成功彼岸的强大精神支柱和力量源泉。一个没有理想,没有远大目标的人是决不会有所追求、有所作为的。

(1)给自己确定一个奋斗的目标。人生目标是人生实践活动的前提和起点,是人的生命活动的总目标,它决定人生的根本方向和道路,决定人生的根本态度和人生价值。青年时期是理想的形成时期,是立志成才的关键阶段。青年班组长应当立下远大志向,树立崇高理想,并在实现远大志向和崇高理想的奋斗中,为企业和班组建功立业。

(2)给自己树立一个学习的榜样。青年班组长要注意向各类先进人物学习,特别是向时代的先进典型学习,向身边的先进典型学习,使青年追求进步的目标更具体,方向更明确,干劲更充足。学有目标、赶有榜样,是青年追求进步的过程,是向先进看齐的过程。

2. 砥砺品格是成才的前提

要成为对社会有用的人,首先要做一个品德高尚的人。改革开放以来,随着思想的解放、社会的发展、中西文化的碰撞,一些青年班组长,盲目崇拜西方,关注个人的物质利益和享受,缺乏艰苦创业和劳动创造的思想行为,淡忘中华民族的优良传统；社会的急剧转型也带来浮躁与迷茫，这与时代对青年的要求是格格不入的。"青年兴则国家兴，青年强则国家强。"青年班组长要时刻铭记国家和社会赋予的历史重任和期望，树立正确的世界观、人生观、价值观，自觉地用社会主义、共产主义道德规范要求自己，用厂规厂纪来约束自己，保持政治上的清醒和坚定，明辨是非，使自己具有较高的思想境界。没有坚定的政治立场和正确的政治方向就无法真正成为对社会有用的人才。

3. 善于学习是成才的关键

21世纪的竞争是科技的竞争，归根结底是人才的竞争。广大青年要适应社会发展的要求，要跟上时代和社会发展的步伐，最关键的条件就是要善于学习。学习是青年班组长打下坚实的知识功底、陶冶情操的重要组成部分，是引领青年班组长追求真理、成长成才的重要途径。

① 要加强政治理论的学习。青年是时代的弄潮儿，要想成为时代的骄子，首先要把握时代的脉搏，掌握时代的方向，这就需要青年注意加强学习和锻炼，提高理论水平和政治觉悟。这需要抓好三个环节：一是要多读书，特别是阅读马克思主义原理、毛泽东思想、邓小平理论以及中外经典的理论著作。二是要关注时事政治及社会上发生的一系列重大事件，善于观察、思考分析和审时度势。三是要深入理解党的方针、政策及出台的背景。青年班组长只有了解国情、党情、团情，才能够找准努力的方向和奋斗的目标。

② 要加强现代科技知识的学习。当今时代，许多新知识、新概念、新信息走进我们的生活。处在这个时代的青年人必须用现代科技知识来武装自己的头脑。青年班组长要进一步增强学习的紧迫感，以顽强的精神刻苦学习现代科学文化知识。包括学好专业知识以及其他科技的基本知识，特别要掌握现代信息技术等现代科学知识与技能。

许多班组长都能清楚地认识到：作为一名现代青年，仅仅掌握一门专业知识是不够的。合理的知识结构是高素质复合型人才的要求。青年班组长要不断充实自己，多角度、全方位锻炼和提高自己。

4. 勇于实践是成才的重要途径

实践能巩固、应用所学知识，是提高青年创新能力的重要手段，是青年成长的根本途径。实践最大的好处是能够把书本知识真正转化为能力，能够帮助青年磨炼意志、砥砺品格，增长胆识和才干。因此青年班组长既要努力向书本学习，还要勇于投身实践，善于把所学的知识运用到改造客观世界和主观世界的活动中去，在实践中求得真知，增长才干，在实践中改掉缺点、弥补不足。"纸上得来终觉浅，绝知此事要躬行"，这充分说明了实践对人才成长的重要性。

五、做到"五个善于"

班组长作为一个班组的"领头羊"，岗位十分重要，责任十分重大。在新的形势下，要履行好班组长的职责，在班组安全生产精细化管理中，必须做好"五个善于"。"五个善于"的具体内容见图6-8。

图6-8 班组长安全精细化管理中的"五个善于"

六、团结协作是班组精细化安全管理的利器

在一个班组里，班组领导班子至少有班组长、副班组长、工会小组长、安

全员等领导成员,他们是班组精细化安全管理活动的决策者、组织者和管理者,他们团结协作的程序,直接影响到精细化安全管理内的成效。因此,班组的班子成员为完成精细化安全管理的各项任务,必须搞好团结协作。班组团结协作的内容见图6-9。

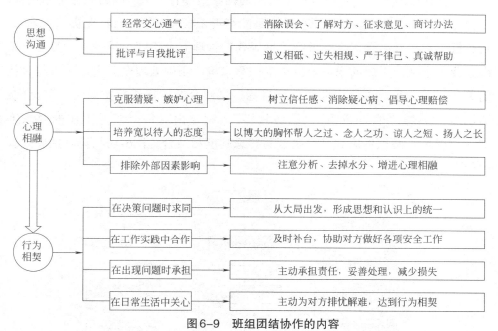

图6-9 班组团结协作的内容

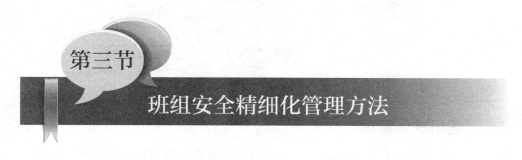

第三节 班组安全精细化管理方法

　　管理一词还有许多定义,这些定义都是从不同的角度提出来的,也仅仅反映了管理性质的某个侧面。为了对管理进行比较广泛的研究,而不局限于某个侧面,本书采用下面的定义:管理是通过计划、组织、控制、激励和领导等环节来协调人力、物力和财力资源,以期更好地达成组织目标的过程,当然还要有一定的眼光对市场的观察。企业管理需建立企业管理的整体系统体系。

105

一、"抽屉式"管理

当今一些经济发达国家的大中型企业都非常重视"抽屉式"管理和职位分类,并且都在"抽屉式"管理的基础上,不同程度地建立了职位分类制度。"抽屉式"管理形容在每个管理人员办公桌的抽屉里都有一个明确的职务工作规范,在管理工作中,既不能有职无权,也不能有责无权,更不能有权无责,必须职、责、权、利相互结合。企业进行"抽屉式"管理五个步骤:第一步,建立一个由企业各个部门组成的职务分析小组;第二步,正确处理企业内部集权与分权的关系;第三步,围绕企业的总体目标,层层分解,逐级落实职责权限范围;第四步,编写"职务说明""职务规格",制定出对每个职务工作的要求准则;第五步,必须考虑到考核制度与奖惩制度相结合。图6-10是模具抽屉式管理程序。

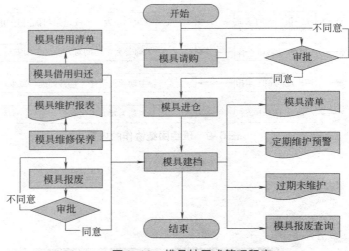

图6-10 模具抽屉式管理程序

二、"危机式"管理

随着全球经济竞争日趋激烈,世界著名大企业中有相当一部分进入维持和衰退阶段,为改变状况,美国企业较为重视推行"危机式"生产管理,掀起了一股"末日管理"的浪潮。美国企业界认为,如果一位经营者不能很好地与员工沟通,不能向他的员工表明危机确实存在,那么,他很快就会失去信誉,因而也会失去效率和效益。危机管理程序见图6-11。

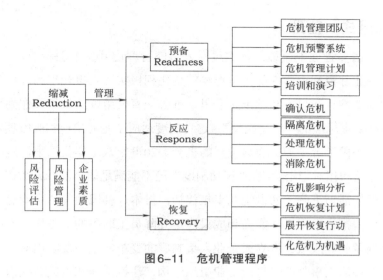

图6-11 危机管理程序

三、"一分钟"管理

目前,西方许多企业采用了"一分钟"管理法则,并取得了显著成效。具体内容为:一分钟目标、一分钟赞美及一分钟惩罚。所谓一分钟目标,就是企业中的每个人都将自己的主要目标和职责明确地记在一张纸上。每个目标及其检验标准应该在250个字内表达清楚,在一分钟内就能读完。这样,便于每个人明确认识自己为何而干、怎样去干,并且据此定期检查自己的工作。一分钟赞美,就是人力资源激励。具体做法是企业的经理经常花费不长的时间,在员工所做的事情中挑出正确的部分加以赞美。这样可以促使每位员工明确自己所做的事情,更加努力地工作,并不断向完美的方向发展。一分钟惩罚,是指某件事本该做好却没有做好,对有关人员首先进行及时批评,指出其错误,然后提醒他"你是如何器重他,不满的是他此时此地的工作"。这样,可以使做错事的人乐于接受批评,并注意避免以后同样错误的发生。"一分钟"管理见图6-12。

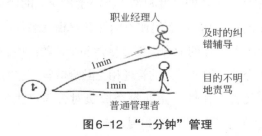

图6-12 "一分钟"管理

四、"破格式"管理

在企业诸多管理中,最终都通过对人事的管理达到变革创新的目的。因此,世界发达企业都根据企业内部竞争形势的变化积极实行人事管理制度变革,以激发员工的创造性。在日本和韩国企业里,过去一直采用以工作年限作为晋升职员级别和提高工资标准的"年功制度"。这种制度适应了企业快速膨胀时期对用工用人的要求,提供了劳动力就业与发展的机会。20世纪八十年代以来,这些发达企业进入低增长和相对稳定阶段,"年功制度"已不能满足职员的晋升欲望,导致企业组织人事的活力下降。20世纪九十年代初,日本、韩国的发达企业着手改革人事制度,大力推行根据工作能力和成果决定升降员工职务的"破格式"的新人事制度,收到了明显成效。世界大企业人事制度的变革,集中反映出对人潜力的充分挖掘,以搞活人事制度来搞活企业组织结构,注意培养和形成企业内部的"强人"机制,形成竞争、奋发、进取、开拓的新气象。"破格式"管理见图6-13。

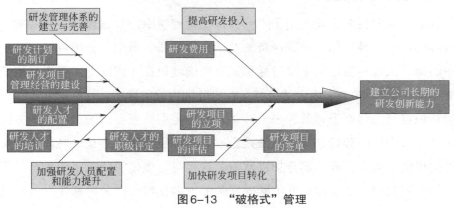

图6-13 "破格式"管理

五、"和拢式"管理

1."和拢式"管理概述

"和拢"是希腊语"整体"和"个体合成"的意思,表示管理必须强调个人和整体的配合,创造整体和个体的高度和谐。不同于传统上的泾渭分明的分工管理,"和拢"管理更强调个人奋斗,从而促使不同的管理相互融合、相互借鉴。"和拢"表示管理必须强调个人和整体的配合,创造整体和个体的高度和谐。在管理中,欧美企业主要强调个人奋斗,促使不同的管理相互融洽借鉴。它的具体特点是:

① 既有整体性又有个体性。企业每个成员对公司产生使命感,"我就是公司"是"和拢式"管理中的一句响亮口号。

② 自我组织性。放手让下属做决策,自己管理自己。

③ 波动性。现代管理必须实行灵活经营战略,在波动中进步和革新。

④ 相辅相成。要促使不同的看法、做法相互补充交流,使一种情况下的缺点变成另一种情况下的优点。

⑤ 个体分散与整体协调性。一个组织中单位、小组、个人都是整体中的个体,个体都有分散性、独创性,通过协调形成整体的形象。

⑥ 韵律性。企业与个人之间达成一种融洽和谐充满活力的气氛,激发人们的内驱力和自豪感。

2."和拢式"管理的要点

实行"和拢式"管理的要点是对员工期望进行有效管理。所谓员工期望,就是指员工通过对自身掌握的信息和从外部获得的信息进行综合分析、评估的基础上,在内心中所形成的对企业提供给自己的"产品"(包括工作、薪酬、福利等)的一种基本要求,并据此对企业的行为形成的一种期望。对员工期望进行管理,就是对其不合理的期望予以说明和剔除,对其合理的期望进行最大程度的满足,同时引导员工建立正确有效的期望,最终实现员工满意的目标。管理员工期望,除了在企业内部形成良好的正式沟通机制,还要重视内部非正式组织的作用,注重与员工意见领袖的沟通,并且要有意识地培养有利于管理方的员工意见领袖。如果有一流的"内线"帮助领导者,掌握了这部分信息,对于企业提高员工期望管理的有效性,对于领导者做出规避、应对和化解罢工的正确决策非常有帮助。

实行"和拢式"管理还应赋予员工尤其是高级管理人员行事权。"授权"恐怕是当前商界出现最多的无聊词汇,却又是领导者和管理者了解最不透彻的一个概念。授权应该是将程序性管理转型为原则性管理,即允许员工以他们的方式和具体的情况来应用这些原则。氯气安全使用"和拢式"管理见图6-14。

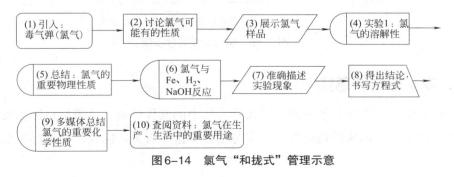

图6-14 氯气"和拢式"管理示意

六、问题管理

问题管理就是从当前现实的问题切入,通过查找问题、解决问题、预防问题,实现螺旋式上升或跨越式发展的一种管理理念。问题管理简单地说就是对问题进行管理。这是一种最普遍、最实用的方法论。当前在企业中实行的应急管理、危机管理等均属于问题管理的范畴。对班组日常安全工作存在的问题同样需要进行精细化管理。在班组安全工作中要不断增强问题意识,逐步养成管理问题的习惯,如此,才能使班组安全问题不发生、少发生、不重复发生。班组问题管理步骤见图6-15。

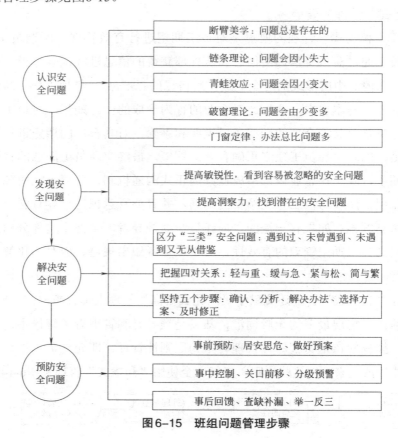

图6-15 班组问题管理步骤

七、安全重在抓落实

抓落实是实事求是思想路线在实际工作中的具体体现。从班组精细化安全管理工作中反映出来的问题看,大多与工作不落实有关。因此,要抓好班组精细化安全管理，重在抓落实，而要抓好落实工作，必须倾心、倾情、倾力。班组精细化安全管理抓落实的相关内容见图6-16。

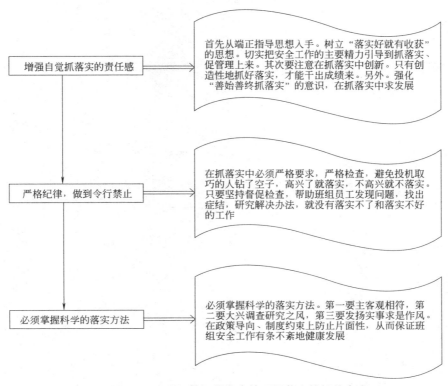

图6-16 班组精细化安全管理抓落实的相关内容

第七章 班组安全文化建设

安全文化是广大员工在安全生产实践中形成的共同的价值观念、行为习惯和行为准则,是以人为本的安全管理。创建班组安全文化的目的,就是把安全管理提升到文化管理,建立安全生产的长效机制,为企业安全生产提供强有力的精神动力、思想保证和智力支持,也就是要以提高全体员工的安全文化素质为主要任务,以预防事故为主要目的。通过创造良好的企业安全文化建设氛围,对全体员工的观念、意识、行为等形成从无形到有形的影响,培养自律互助型员工,从而减少各类事故,实现安全生产目标。通过建立和完善安全文化管理机制,使全体员工在正确的安全理念和价值观的引导下,自觉投身到设备诊治和安全文化建设的活动中,努力创造安全环境,真正实现以人为本、安全文明生产的目标。

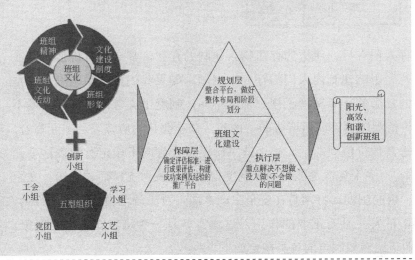

第一节 班组安全文化建设的主要内容

一、班组安全文化建设应制定的规章制度

制度，是指要求大家共同遵守的办事规程或行动准则，也指在一定历史条件下形成的法令、礼俗等规范或一定的规格。在不同的行业、不同的部门、不同的岗位都有其具体的做事准则，目的都是使各项工作按计划、按要求达到预计目标。

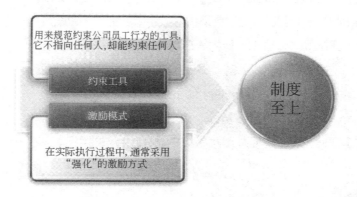

制度是一种人们有目的建构的存在物。建制的存在，都会带有价值判断在里面，从而规范、影响建制内人们的行为。例如，如果我们把选举制度看成是建制的话，不同社会的选举制度、规则都有不同，制度主义者便会解释这是不同社会对选举价值观理解不同所造成的。倘若一个社会认为应该表达多元声音，重于执政效率等其他价值观的话，那么选举制度便会倾向于设定有利表达多元声音（如代表制），多个党派都能借助此制度得到相应民意支持而被选出。在企业班组内制定一定的制度，特别是在安全生产方面，对于规范员工的安全行为，减少和控制事故的发生具有重要的作用，这本身就是一种班组安全文化现象。一般来说，企业班组需要制定的各类规定如下。

1. 班组需制定的各种规定

①思想政治工作管理规定；②民主管理规定；③计划管理规定；④检修质量检查验收管理规定；⑤安全管理规定；⑥防火管理规定；⑦培训管理规定；⑧劳动纪律管理规定；⑨文明卫生管理规定；⑩技术资料管理规定；⑪经济核算管理规定；⑫劳动定额管理规定；⑬材料、工具、仪器管理规定。

2. 班组应存档的制度、规范、技术资料

①岗位责任制（六大员、班长、工会小组长）；②部颁《电力工业技术管理法规》；③部颁《电力安全工作规程》（电气和机械部分）；④厂颁《设备检修规程》；⑤设备专区划分规定；⑥设备管理制度；⑦设备缺陷管理制度；⑧设备异常管理制度；⑨检修人员设备巡检制度；⑩设备技术台账管理制度；⑪技术改造、合理化建议管理制度；⑫工作票管理制度；⑬各班组、专业必备的国家、部、局、厂及部门颁布（发）的各种技术标准、质量标准、原材料及大宗消耗材料的产品质量标准；⑭上级、厂颁发的各类安全文件、安全通报存档；⑮各类规程、图纸及有关资料存档。

3. 班组上墙示板内容设置规定

①班组年度目标分解计划；②班组安全生产天数；③班组组织构造及班组建设；④班组成员岗位或设备专责；⑤班组技术问答、考问讲解栏；⑥所辖设备系统图。

企业班组应设的记录簿见表7-1。

表7-1 企业班组应设记录簿一览表

序号	名称	记载内容	记录时间	主持人	记录人	检查部门
1	班组工作日志	记录班组每天工作情况、考勤情况，还包括班委会、民主生活会、精神文明活动、QC活动等	每天	班长（值长）	班长（值长）	车间
2	安全活动记录	安全活动主题、运行分析、学习内容、参加人员、措施或建议	每周一次	班长（值长）	安全员	车间安监
3	经济活动分析与节能活动记录	班组记录节能活动，部门记录经济活动分析	每月一次	班长（值长）	节能员	车间
4	工作票登记簿	班组所办理的工作票内容、时间、负责人等（办票时间、退票时间、延期时间）	随时	班长（值长）	安全员	车间

续表

序号	名称	记载内容	记录时间	主持人	记录人	检查部门
5	设备缺陷与消缺记录	班组所辖的设备存在哪些缺陷（包括渗漏点），消除情况如何及时间等	随时	班长（值长）	班长	车间
6	设备档案	本班组所辖设备的全部技术资料（设备编号、名称、型号、技术规范、制造厂家、制造厂编号、日期等）	按规定	班长（值长）	技术员	车间
7	设备评级记录簿	班组所辖设备的评级情况	按规定	技术员	技术员	车间

二、班组创新安全文化建设

1. 班组安全文化建设基本要求

（1）班组安全文化建设要全面贯彻富有时代气息的现代企业经营理念。企业班组文化建设应将员工当上帝，树立安全发展观，认准效益是中心，以安全文化促进生产。此外，班组文化建设必须结合实际，依据班组的特点，确立服务、管理、安全、质量等理念，才能形成具有班组特色的理念体系。班组管理的内容见图7-1。

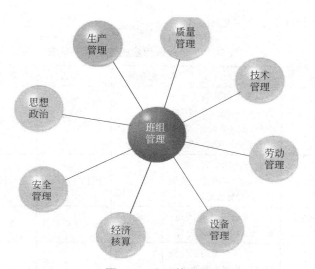

图7-1 班组管理的内容

（2）班组安全文化建设必须与企业发展战略目标相一致。班组安全文化建设应该与企业的总体发展战略目标保持一致，服从于企业发展战略目标。以"人本管理"思想为指导，服务是宗旨，安全是基础，管理是重点，科技创新是灵魂，经济效益是中心，全面落实科学发展观，建设企业一流、领先的班组。

（3）班组安全文化建设应大力发扬体现行业特征的优秀班组精神。班组精神，是班组成员共同价值观的集中体现，它是班组在长期生产经营实践中所形成的被班组全体成员所认同和自觉遵守的群体意识，是班组生存以及发展的动力源泉。因此，班组精神是班组文化建设的核心内容。班组长应发动全体班组成员，通过开展各项班组文化建设活动，总结和提炼班组在长期生产经营实践中所形成的价值观念，并大力培养和发扬体现行业特征的优秀班组精神。

（4）树立良好的班组形象。班组形象是班组的信誉，是班组通过多种方式在社会上赢得的社会大众与班组成员的整体印象与评价，是班组参与市场竞争的一项无形资产。所以，班组文化建设应该全力树立良好的班组形象。

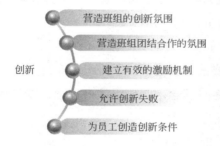

2. 全力塑造敬业守纪的员工形象

班组文化建设应认真履行对社会的质量与服务承诺，努力提高产品或服务质量，认真执行《班组文明规范》，切实培养班组成员良好的政治思想素质，纠正不文明之风，使班组成员具有良好的职业道德素质以及技术业务素质，从而树立良好的班组员工形象。

（1）大力创造和保持班组整洁优美的环境形象。班组文化建设要关心员工生活，重视班组生产以及生活环境的建设。坚持文明作业、文明生产，保持优良秩序，创造优美的班组环境，确保搞好班组优质生产。

（2）积极营造班组科学文明与健康向上的文化氛围。遵循寓教于文、寓教于乐的人文思想，积极组织和开展具有较高文化艺术品位、内容丰富、形式多样的班组文化活动以及业余文体生活，陶冶员工的思想道德情操，培养班组成员的群体竞争意识以及自我实现意识，实现班组凝聚力。

（3）班组文化建设应积极宣传人类一切优秀文化成果和科学技术知识，并注重班组文化活动场所建设，扎实开展班组社会主义、集体主义教育、学标兵等活动，以教育和引导班组成员形成崇尚科学、倡导文明、健康向上的生活情趣和良好的文化氛围为目的，增强班组成员爱企、爱岗的主人翁意识，自觉抵制极端个人主义、腐朽思想以及不良生活习惯等影响，从而营造出班组文化建设的良好的内外部环境。

三、班组安全文化的核心和要素

（1）班组安全文化的核心理念系统

班组安全文化的核心理念系统包括：①班组口号——班组核心理念的表达；②班组使命——班组"为什么而存在"的根本思考；③班组宗旨——班组如何实现使命的根本主张；④班组目标——班组实现使命的愿景和梦想；⑤班组哲学——班组走向卓越的思维方式；⑥班组价值观——班组经营的成功法则；⑦班组精神——班组走向卓越的精神支柱。

（2）班组安全文化的要素

班组安全文化的要素主要包括：①班组安全理念；②班组学习理念；③班组服务理念；④班组客户理念；⑤班组绩效理念；⑥班组质量理念；⑦班组成本理念；⑧班组团队理念。

班组安全文化核心内容见图7-2。

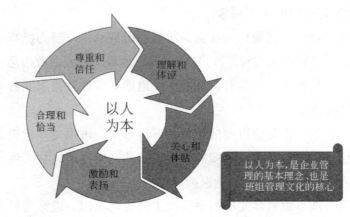

图7-2　班组安全文化核心内容

四、班组文化化育系统建设

建设班组文化化育系统,就是建设文化的催化机制、文化的管理环境,搭建文化的推进平台,策划系列的文化推进活动。例如,文化环境氛围的建设、每日一反思、每日一对标、文化风暴会、文化学习会、文化标杆人物塑造、文化故事征集与宣讲,以及星级班组评选等。班组学习化内容见图7-3。

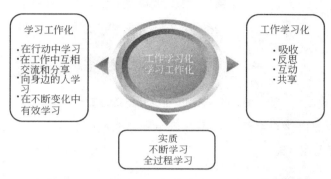

图7-3 班组学习化内容

1. 四个阶段

必须意识到班组文化建设是一个长期的过程,需要不断耕耘、不断强化,逐渐内化为员工的习惯。班组文化建设一般来说会经历以下四个阶段。

(1)认知阶段。这个阶段是对班组文化认知和了解的过程,在融入班组的过程中,通过班组的文化手册、文化看板以及班组长、老同事的言传身教,逐渐认知和了解班组所强调的价值观和行为习惯。在认知阶段,班组文化建设的主要工作是丰富班组文化的物态载体,清晰呈现班组的文化内涵,同时,加强班组文化的日常宣贯。

(2)认同阶段。受外界和环境的影响,而逐渐地接受和认同班组文化,主动地与班组文化理念要求靠近,并以此约束自己的行为。在这个阶段,班组文化建设的主要工作是通过标杆影响、评价引导、奖惩导向等方式,强化班组文化的落实。

(3)习化阶段。逐渐地从被动接受到主动接受,将文化理念融入自己的行为中,成为自己潜意识的行为习惯。同时,班组员工也成为班组文化的守护者和传承者。

(4)创新阶段。班组文化建设也不是一劳永逸的,随着环境的变化、管理的发展,班组的文化建设也需要与时俱进,班组文化建设是一个不断创新和发

展的过程。班组文化的建设和培育是一项长期工程，在这个过程中，可能还会出现班组成员的价值观念由于受环境的影响而出现反复，这更增加了班组文化建设的难度，因此班组文化建设需要常抓不懈。班组安全文化创新的三大作用见图7-4。

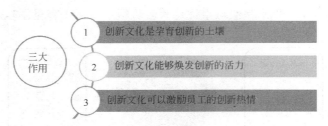

图7-4 班组安全文化创新的三大作用

班组安全文化化育系统，离不开班组安全激励工作手段。班组安全激励文化的具体内容见图7-5。

图7-5 班组安全激励文化

2. 四项原则

（1）理念先进原则。班组文化是班组的统领性思想，是指导班组管理与行为的指南，因此，班组文化要具有先进性，必须符合当代先进、科学的理念和思想。例如，将人本管理、"三全"管理、客户至上、绩效第一等先进理念纳入班组文化中。

（2）服务目标原则。班组文化是根据工作目标的要求和班组的工作、人员特点等形成的适合于本班组的特色文化，应切合班组的实际工作要求，并服务于班组工作目标；应依据班组的特点，确立如服务、管理、安全、质量等理念。

（3）全员参与原则。班组文化建设必须全员参与，由大家共同提炼班组文化理念、设计文化看板等，只有全员参与，才能真正地称之为"班组文化"。

（4）重在落实原则。班组文化不是简单的遣词造句，班组文化建设必须与班组管理结合起来，将文化理念要求落实到班组管理制度上，落实到班组日常文化宣贯上，落实到日常标杆塑造上，将文化与管理融为一体。

3. 班组安全文化建设重点

（1）要加强对班组文化建设的指导。健全组织是班组文化建设的基础，要从不同的侧面和角度共同为加强班组文化建设做扎实的工作。同时要建立长效管理机制，制定班组文化建设管理办法和制度，确保班组文化建设工作持续、健康发展。

（2）班组长要带头践行企业安全文化理念。

（3）班组长要带头参与企业文化建设。改变班组长长期处于单纯直线型管理模式，充分发挥班组长管理职能，才能将班组成员的积极性、主动性调动起来，才能有效建立班组文化建设的思想平台。

第二节 班组长在安全文化建设中的作用

目前，企业班组文化建设还存在着不容忽视的问题，甚至走入了一些误区：一些企业班组文化建设重"视"不重"实"，一味追求班组文化建设的视觉效应，为了让领导满意，上级检查时好看，把班组文化建设当成了"政治任务"，热衷于做表面文章，制标牌、做展板、印画册、美化班组环境等，以为这样就是加强了班组文化建设；有的认为，班组作为一个生产单元，只要保质保量保安全，按时完成上级安排的生产任务就行了；有的认为班组文化建设就是开展理论学习，抓好宣传教育，搞好员工业余文化生活等；有的认为班组文化建设是务虚，有没有都无所谓，搞那么多花样没用；有的班组文化建设不注重挖掘、提炼自身优点并加以创新，却赶时髦，照搬照抄，缺乏自身特点，结果在员工中激不起共鸣，引不起反响。

威信从何而来
1. 以德立威
2. 以才树威
3. 以勤出威
4. 以信增威
5. 以情助威

一、提高班组长的素质是当务之急

班组长自身素质的高低直接影响班组的安全管理，这就要求班组长既要懂生产、精技术、通安全、热管理，又要有一套灵活的工作方法，有效地带动班组成员，形成合力。同时作为班组安全的第一责任人，应加强自己的安全生产意识、安全知识素养和安全责任感。

班组长是生产班组的带头人，既是生产技术骨干，又是全班组生产管理的组织者和实施者，要致力于创建和谐的、积极向上的班组氛围。工作和生活中首先要多听、多想、多看，加强与班组成员的谈心和交流，使班组成员之间形成一种群策群力，技术难题共同攻关，好的经验共同分享的良好氛围。班组长要以身作则，"正人先正己"，工作甘为人先。带头学习科学文化知识，钻研业务。带领全班组成员不断创新，牢牢抓住根本。同时还要虚心学习别人的经验和长处，看到自己的不足，找到工作的突破口，具备良好的大局观。力戒浮躁之气，扑下身子，踏实干事，扎扎实实地做好班组各项工作的落实。

二、班组长安全工作职责

班组长是班组安全的第一责任者，对本班组的安全工作负有全面管理的责任，其主要职责是：

（1）负责组织实施班组安全生产的目标管理。

（2）组织本班组人员学习与执行上级有关安全生产的规章、规定和措施。

（3）带头遵章守纪，及时纠正并查处违章违纪行为。

（4）组织每周一次的安全日活动，主持每天的班前会和班后会，及时总结和布置班组安全工作，并做好安全活动记录。

（5）经常检查（每天不少于一次）生产场所的安全情况，确保班组人员正确使用劳动防护用品、用具。

（6）负责组织新入厂人员的第三级安全教育和变换工种人员的岗位安全教育；负责对休假1个月以上人员、工伤休假复工人员、已（未）遂事故责任者、"三违"人员进行安全教育。

（7）负责作业前的安全作业条件的检查与落实，对危险作业点必须设安全监护人，督促本班组人员进行文明施工生产，收工时及时整理作业场所。

（8）贯彻实施安全工作与经济挂钩的管理办法，做到奖罚严明。

（9）组织本班组人员分析事故原因，吸取教训，及时改进班组安全工作，支持安全员正确履行职责，为安全员创造一个良好的工作环境。

（10）组织本班组全体人员进行安全教育及安全技术知识的学习培训等。

（11）下达生产作业计划时，要根据工人的安全技术知识和操作水平分配其任务，做到交任务的同时教安全措施办法，做到安全生产"五同时"（计划、布置、检查、总结、评比）工作。

三、班组长让下属感到自己重要

班组管理水平的高低，直接决定企业运行的状况。汽车开得再快，少了轮子就无法前进。一个班组的班组长，就好像是汽车的轮子，整个班组管理的好坏，就全看班组长的水平了。在此，站在班组长的角度来谈谈应怎样带好兵，用好兵。班组长创新性思维内容见图7-6。

图7-6 班组长创新性思维内容

1. 带兵要严

严师出高徒。什么样的人，就带什么样的兵。每个班组长，不仅是最基层的生产管理者，同时还是班组的带头人，是师傅，是榜样。首先就要求各位班组长要严于律己，在各方面都起表率作用。这样班组里的员工才能有样学样，处处严格要求自己。

带兵要严,主要体现在质量管理和生产作风两方面。从生产中出现的许多质量问题和安全事故我们可以看出,主要是员工责任心不强,安全意识薄弱,误操作所致,很少存在技术难度问题。尤其是像操作平稳率、跑冒滴漏、动火监护不严等问题,经常反复出现。往往是抓一下,好一阵;松一下,就乱来。根源在哪里呢?根源就是管理不严,员工没有自觉把它完成。有时为了图快,为了早下班,就把质量要求抛到九霄云外去了。而有些班组长,对于反复出现的平稳率超标问题见怪不怪,认为超一点无所谓,不影响月底考核,等到月底发现超标严重,才被动去管,亡羊补牢。这样带兵永远是被动的。另外,在质量管理上,考核不严,往往在接到对质量问题的扣罚时,总是找出一些客观理由来推脱或找不到具体的责任者。这样做,表面上好像保护了班组员工不被罚款,而实际上,因责任人未受到教育,同样的问题下次又会重复出现。因为管理不严,责任人有可能在下一次事故中受到更重的处罚,且产品质量总也上不去。所以,带兵不严,对班组管理百害而无一利。当然班组成员自我控制、自我管理也是重要一环。班组成员自我管理的相关内容见图7-7。

图7-7 班组成员自我管理内容

生产作风的好坏,直接关系到班组的安全、文明生产以及设备保养、生产效率等各个方面。而一个班组的员工能否团结一致、斗志旺盛地去完成每一天的工作,是与班组长平时的管理、对员工的严格要求和训练分不开的。我们应该按军队的要求来严格管理我们的班组,按军人的纪律来约束我们员工的工作作风,使班组长真正起到"带兵"的作用。在工作中,班组长要求班组员工认真巡检,发现问题先汇报后处理,紧急问题先控制后汇报,杜绝操作员独自处理事故,避免人身伤害。如果我们的每一位员工、每一个班组,都能做到"一切行动听指挥","有令必行,有禁必止",我们就能在任何艰苦的环境下求生存,在一切竞争中无往不胜。人民子弟兵在长江抗洪救灾中，涌现出许多可歌可泣的感人故事，就是军队平时严格管理的结果。反之，如果我们班组的工作作风松松垮垮，员工个个像散兵游勇，一盘散沙，作为班组长再有能力，也没办法把班组的生产管理工作搞上去。

在劳动纪律方面，要想打造一个能够招之即来、来之即战、战之即胜的班组，没有钢铁一样的纪律是根本做不到的。对于公司的各项制度、规范，班组长应率先垂范，同时制定严格的班组劳动纪律和工艺纪律管理规定，对班组员工赏罚分明，恩威并施，制度化和人性化管理双管齐下，收效显著。班组员工劳动纪律管理流程见图7-8。

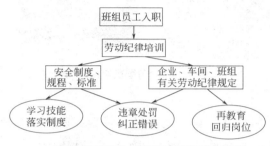

图7-8 班组员工劳动纪律管理流程

2. 练兵要精

一个班组技术水平的高低决定着这个班组的生产力，技术水平低就无法保障安全生产，更谈不上质量。要想班组员工个个都是精兵强将，班组长的技术必须是出类拔萃的，否则何谈带兵呢？要经常告诉班组员工，生产装置流程最重要，只有流程全部弄懂了，才可以融会贯通，处理事故才能快速地转入退守状态，避免二次事故和人员伤亡。正是基于这样的环境（班组长不厌其烦地考试和班组的学习环境），员工想不学习都不好意思。班组长不怕下属超越自己，培养下属不是水落石出，而是水涨船高。班组的技术水平如果突飞猛进，主要操作员都可以独立顶两个以上岗位，车间管理人员也都非常放心地将生产任务交给该班组。这些成绩的取得，受益最大的不仅是班组长个人，还有整个班集体。员工掌握技术，企业收获了安全平稳生产。

3. 用兵要狠

这个"狠"，不是心狠手辣，而是要有狠劲，要有顽强作战的斗志，要有吃苦耐劳的精神，要有战胜一切困难的勇气。具体到生产管理上，就是要有一套过硬的本领，带领全班组人员去完成生产任务。尤其是在大负荷生产，产量不断提高的今天，各班组能否按整体生产计划保质保量地把每天的任务完成，如何去用好手中的"兵力"克服生产中每天出现的各种各样的困难，解决生产中的各项"瓶颈"，显得特别重要。

学习型班组内容和特点见图7-9。

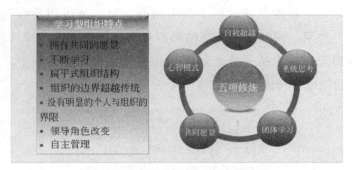

图7-9　学习型班组内容和特点

4. 爱兵要深

要想带好兵、用好兵，首先就要做到爱兵。班组长和班组的员工，差不多都是同龄人，只是岗位不同，而工作的目的是相同的。大家为了一个共同的目标，走到一起来，那么就要像兄弟般和睦相处。班组长要成为本班组员工的知心朋友，要关心每个员工的成长。新员工进厂，你要手把手教他，要有师傅的耐心；进行安全教育，你要有长辈的慈爱，保护每一位员工不受伤害；当员工在工作中有情绪、有困难时，你要有宽阔的胸怀，主动与他们沟通，帮他们一起想办法、找原因，共同渡过难关。你要善于思想沟通，善于感情沟通，能根据班组员工的特点，充分调动每一个人的积极性，合理分配生产任务，做到"知人善任"和"用人之长"。他们违反规定，应对他们进行严厉的考核，要晓之以理，让他们明白你的良苦用心，做到心服口服。这样，我们的员工才能不断进步，不断成长。班组气氛融洽，凝聚力增强，各项业绩指标自然名列前茅。班组长必须把班组成员放在第一位，关怀、支持、激励他们去做好每件事。要时刻提醒自己，没有他们的支持，自己的工作没有任何意义。

每个生产班组，既是独立的单元，又是不可分割的整体。班组有大有小，多则20余人，少则几人。可麻雀虽小，五脏俱全，班组管理需面面俱到。安全、文明、优质、高效、低耗，每一样都不能少。所以班组管理，既是最基层的管理，也是最重要的管理。班组和谐关系见图7-10。

图7-10 班组和谐关系

作为班组长,关键就看你如何去带好兵、用好兵。要知道,一个企业的兴衰,很大程度上取决于企业的管理好坏。而企业的管理是建立在各部门、各班组的基础管理之上的。如果每个员工都能在自己的岗位上当好一个合格的士兵,每个班组长都能当好"火车头"的角色,企业就一定能飞速前进,日益兴旺。

第三节 班组安全文化建设的途径与方法

班组是企业最基本的单位,也是企业管理的最终落脚点;而班组文化,是班组员工在长期工作实践中形成的共同价值观和行为规范,是彼此之间能够达成共识、形成的心理契约,是企业文化的基础和基石,它包括环境文化、行为文化、制度文化、精神文化,等等。企业文化对班组文化有规范、引导作用。

优秀的班组文化是沉淀于企业班组中多年来形成的各种文化要素的认识升华,是提升班组管理水平的"软实力",它对班组和员工能够产生无形的感染力和影响力,潜意识地影响着班组和员工的行为。建设好班组文化,对推动整个企业的发展极为重要。

一、班组安全文化建设的途径

1. 提高对班组安全文化建设的认识

国务院国有资产监督管理委员会《关于加强中央企业班组建设的指导意见》

指出,加强班组文化建设,要根据本企业文化特点努力塑造独具特色、凝聚员工精神内涵和价值取向的班组理念。要通过大力弘扬改革创新的时代精神,培育个人愿景,加强以爱岗敬业、诚实守信、遵章守纪、团结和谐、开拓创新和提升执行力为主要内容的班组文化建设,要制订和完善员工的行为规范,推行与传播班组文化,树立班组良好整体形象。这些是班组文化建设的基本内容。我们要从提高班组管理水平,培育高素质、高技能的员工队伍,提升企业核心竞争力的高视点上,提高对班组文化建设重要性的认识,克服思想上的误区,加强领导,下大功夫,推进和加强班组文化建设。班组安全文化建设的途径见图7-11。

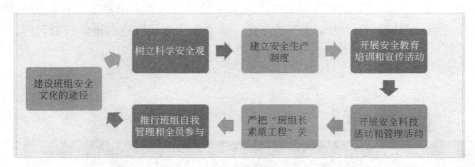

图7-11 班组安全文化建设的途径

2. 体现企业班组特色

班组文化建设和企业文化建设一样,应具有鲜明的个性特点。个性特点就是品牌。像航天科技创新型班组"余梦伦班组"、航天科工"孔祥斌班组"、中国中铁"窦铁成班组"、中国石油"王海班"经验等,个性鲜明、特点突出、影响深远。只有在群体意识和群体行为基础上创建的班组文化,才能让员工思想上重视、行为上积极、方法上有效,成为员工自己创建并享有的班组文化。

3. 得到班组员工认同

班组长的示范和表率作用在班组文化建设中十分重要。班组长是否高度重视和积极参与,关系到班组文化建设能否顺利开展。班组长带头践行班组愿景,宣传和实践班组文化理念,激励和表扬班组内部自觉实践文化理念的人和事,逐渐地就会变成员工的实践和行动。

4. 增强班组文化活力

要使企业基业长青、做大做强,班组文化建设就要适应新的形势,不断创新形式、丰富内容。把班组员工创新与企业整个战略创新相结合,这是企业文化的重要组成部分，是企业活力的不竭源泉，也是班组文化成功的必由之路。

5. 重视员工积极参与和践行

世界知名企业成功的实践表明，任何一种管理形式和文化形式，如果没有员工的积极参与和实践，必然是短命的。企业班组文化也要在员工认同的基础上，组织员工积极参与和实践，使员工充分体味班组文化的丰富内涵。接受班组文化的熏陶是实现企业员工快乐工作、体面生活的重要组成部分。只有把员工参与班组文化建设变成常态，班组文化才能逐渐深入人心，成为班组进步乃至企业各项工作的助推器。

6. 加强对班组文化建设的指导

企业文化部门要加强对班组文化建设的指导，帮助班组制订文化建设发展目标和规划，积极开展班组文化建设的培训和经验交流，指导他们学习借鉴先进班组文化建设的经验，不断提高班组文化建设的创建水平。

文化是长寿企业的命脉，班组文化建设是企业文化的基石，是企业做大做强的基础，事关国有企业管理提升效果和改革发展全局。我们要高度重视，全力打造，持续推进，注重实效，使之成为推动企业全面进步和持续发展的"加速器"。

二、班组安全文化建设的方法

1. 推进班组安全标准化作业

班组要以安全标准化为指南，对作业过程进行改善，从而形成一种优化作业程序，逐步达到安全、准确、高效的作业效果。班组作业标准化是预防事故、确保安全的基础，它能够有效地控制人的不安全行为，尤其能够控制"三违"现象的产生。保证班组人员上标准岗、干标准活、交标准班，从而制约侥幸心理、冒险蛮干等不良现象，有效强化班组安全管理。

2. 深化安全文化建设在班组的推广

首先要将"安全第一、以人为本"等安全理念为广大员工所接受和认可。其次，通过广泛宣传教育和标识，从视觉上形成浓厚的安全文化氛围。最后，安全文化建设的主要工作是将这些理念融入制度建设之中，形成制度文化并具体化，以进一步落实到班组，落实到员工的生产中，形成的自觉行为。因此，应把安全文化和制度建设相结合，从员工的日常行为、作业标准等方面进行明确的规范，制定并推广操作性、实用性强的安全行为标准，抓好人的行为规范

和良好习惯养成。

3. 加强班组安全细节管理

6S（整理、整顿、清扫、清洁、素养、安全）是一个很好的管理模式，重视过程、狠抓细节。"细"，就是安全工作要做得细。班组在生产中对安全工作要做到勤检查、细检查，使每个操作环节，每一次交接班都符合安全生产的规范要求。班组成员在生产过程中要做到不忽视每处疑点，不放过每一个隐患，及时准确地发现问题，把事故苗头消灭在萌芽状态。

4. 充分发挥好亲情感染作用

促使全员树立正确的安全意识，最基本、最有效的手段就是宣传教育。但是以往的安全教育大多是"我说你听"，不是大道理满堂灌，就是家长式的训斥。要解决安全教育入心入脑的问题，还应注重情感投入，可采用亲情教育法，如车间会议室看板管理中设立"全家福"栏目，把每个家庭对自己亲人的安全企盼写在照片的下面，时时提醒员工牢记亲人的嘱托；如为员工过生日、兄弟交心等方法，不失时机、潜移默化地向员工宣传安全思想。铸造员工和谐心态见图7-12。

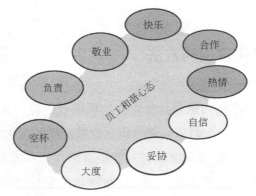

图7-12 铸造员工和谐心态

5. 培养团队合作精神

团队合作精神是建设生产班组队伍总体凝聚力和战斗力的重要基础。整个工艺流程必须各负其责，密切配合，才能发挥生产班组总体能量。一切成功的合作都源于良好默契的沟通，班组要经常进行及时而有效的生产信息的反馈、沟通与协调，促进各工序间的互相了解和团结的同时，也可以使班组长达成共识。在班组内部形成"计划—执行—协调—完善"的良性生产循环，充分发挥团队的智慧和力量，迅速有效地解决问题。"世上没有完美的个人，却有完美的团队",形成了一个积极向上的优秀生产班组团队,遇到问题就不会相互抱怨,推脱责任,就会迅速而有效地解决问题。班组团队合作的相关内容见图7-13。

图7-13 班组团队合作

参考文献

[1] 崔政斌，胡万林，著．班组安全建设方法160例．第3版．北京：化学工业出版社，2016．
[2] 崔政斌，张美元，著．班组安全建设方法160例新编．第2版．北京：化学工业出版社，2015．
[3] 崔政斌编著．图解《化学品生产单位特殊作业安全规范》．北京：化学工业出版，2016．
[4] 崔政斌，崔佳编著．现代安全管理举要．北京：化学工业出版社，2011．
[5] 崔政斌编著．图解化工安全生产禁令．北京：化学工业出版社，2011．
[6] 崔政斌，张美元，赵海波编著．世界500强企业安全管理理念．北京：化学工业出版社，2017．
[7] 崔政斌，刘炳安，周礼庆编著．安全生产十大定律与方法．北京：化学工业出版社，2018．
[8] 崔政斌．冯永发编著．杜邦十大安全理念透视．北京：化学工业出版社，2013．
[9] 崔政斌．周礼庆编著．企业安全文化建设．北京：化学工业出版社，2014．
[10] 宋大成编著．安全生产标准化指南．北京：煤炭工业出版社，2012．
[11] 高占祥著．文化力．北京．北京大学出版社，2007．
[12] 孙华山编著．安全生产风险管理．北京：化学工业出版社，2006．
[13] 郑晓斌，李勇，杜正梅编著．班组安全精细化管理实务．北京：企业管理出版社，2017．
[14] 祁有红，祁有金著．安全精细化管理：世界500强安全管理精要．北京：新华出版社，2009．
[15] 马金山，马文婷，李玉平著．细节案例．北京：人民日报出版社，2008．
[16] 罗云主编．风险分析与安全评价．北京：化学工业出版社，2016．
[17] 国务院国有资产监督管理委员会业绩考核司，国家安全生产监督管理总局安全生产协调司编著．现代安全理念和创新实践．北京：经济科学出版社，2006．
[18] 余志红编著．危险化学品企业班组长安全读本．北京：化学工业出版社，2009．
[19] 王树生，安红昌，杜正梅编著．科学发展安全发展．北京：中国商业出版社，2012．
[20] 国家安全生产监督管理总局宣传教育中心编．生产经营单位从业人员安全培训通用教材．徐州：中国矿业大学出版社，2011．